《信访工作条例》的新意与亮点

翟校义 王 凯 著

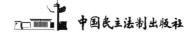

中国民主法制出版社

图书在版编目（CIP）数据

《信访工作条例》的新意与亮点/翟校义，王凯著
.—北京：中国民主法制出版社，2023.7
ISBN 978-7-5162-3309-2

Ⅰ.①信… Ⅱ.①翟…②王… Ⅲ.①信访工作－条
例－研究－中国 Ⅳ.①D922.182.14

中国国家版本馆 CIP 数据核字（2023）第 125796 号

书名/《信访工作条例》的新意与亮点
作者/翟校义 王 凯 著

出版·发行/中国民主法制出版社
地址/北京市丰台区右安门外玉林里 7 号 （100069）
电话/（010）63055259（总编室） 63058068 63057714（营销中心）
传真/（010）63055259
http://www.npcpub.com
E-mail:mzfz@npcpub.com
经销/新华书店
开本/32 开 850 毫米×1168 毫米
印张/6.5 字数/120 千字
版本/2024 年 3 月第 1 版 2024 年 3 月第 1 次印刷
印刷/三河市宏图印务有限公司

书号/ISBN 978-7-5162-3309-2
定价/39.00 元
出版声明/版权所有，侵权必究。

目　　录

第一部分

《信访工作条例》专家解读

本部分由中国政法大学教授、《信访与治理研究》刊物主编翟校义撰写

第一章 《信访工作条例》概述

2022 年 4 月 7 日，新华社受权发布中共中央、国务院印发的《信访工作条例》（2022 年 1 月 24 日中共中央政治局会议审议批准，2022 年 2 月 25 日中共中央、国务院发布），自 2022 年 5 月 1 日起施行。同日，新华社受权发布《国务院关于修改和废止部分行政法规的决定》（2022 年 5 月 1 日起施行），决定废止行政法规《信访条例》（2005 年 1 月 10 日中华人民共和国国务院令第 431 号公布）。自 2022 年 5 月 1 日起，《信访工作条例》取代《信访条例》统领信访工作，形成由党内法规与规范性文件，从党内党外对党委和政府的信访工作、信访人的信访活动，在党规党纪国法多层面，进行全面规范的格局。

《信访工作条例》分为总则、信访工作体制、信访事项的提出和受理、信访事项的办理、监督和追责、附则，共6章50条。原《信访条例》分为总则、信访渠道、信访事项的提出、信访事项的受理、信访事项的办理和督办、法律责任、附则，共7章51条。从结构上看，《信访工作条例》主要增加了一章"信访工作体制"，结构变化不大。从内容看，《信访工作条例》融合了党的十八大以来信访工作制度改革成果，如网上信访、诉访分离、依法分类处理等信访工作制度改革；明确了信访工作的指导思想，强调了党对信访工作的全面领导，整体上理顺了信访工作的体制机制。

原《信访条例》是国务院制定的行政法规，基于国务院的职权，无法对党的机关、人大机关、政协机关、监察机关、审判机关、检察机关进行规范，难以从整体上对现实中的信访工作进行全覆盖，难以对信访工作进行顶层设计。《信访工作条例》基于党的全面领导，党领导一切的领导体系，党和政府同人民群众的关系的政治站位，以及党政融合的工作格局，由中共中央、国务院共同发布，对信访工作进行顶层设计，明确了信访工作的指导思想，强调了党对信访工作的全面领导，使各机关各系统各领域的信访工作更具统一性。

第二章 《信访工作条例》的内容解析与亮点

一、《信访工作条例》的体例

《信访工作条例》分为总则、信访工作体制、信访事项的提出和受理、信访事项的办理、监督和追责、附则，共6章50条。《信访工作条例》总则共6条，对信访工作的最主要方面进行总体性概括，当具体信访工作中遇到分则具体条文未尽规定事项，难以找到工作依据时，总则可以作为工作依据。

1. 信访工作的政治意涵

《信访工作条例》第1条对制定目的和依据进行明确，凸显了党和政府对新时代信访工作的重视。在政治站位上，把信访工作作为保持党和政府的人民性、群众性工作的一部分予以重视，进一步凸显党的群众路线在信访工作中的重要地位，"讲政治"成为信访工作的关键能力。

2. 扩展适用范围使信访工作具有统一性

《信访工作条例》第 2 条将适用范围扩展到各级党的机关、人大机关、行政机关、政协机关、监察机关、审判机关、检察机关以及群团组织、国有企事业单位等机构，间接明确了党组织机构都需要承担信访工作任务。同时，这一适用范围的扩展也使信访工作在各机关各系统各领域具有了统一性。

3. 从国家治理层面对信访工作进行定位

《信访工作条例》第 3 条是对信访工作的定位，该定位由三个"重要"组成。首先，信访工作是党的群众工作的重要组成部分，强调信访的群众工作的政治属性。其次，信访工作是党和政府了解民情、集中民智、维护民利、凝聚民心的一项重要工作，强调信访工作对党和政府工作优化的重要作用。从以毛泽东同志为核心的党的第一代中央领导集体就高度重视信访对改进工作的作用，要求杜绝官僚主义，高度重视群众来信来访工作，这一要求形成了中国共产党历代领导集体高度重视信访工作的工作传统。最后，信访工作是各级机关、单位及其领导干部、工作人员接受群众监督、改进工作作风的重要途径。强调信访工作是《宪法》第 27 条第 2 款规定的国家机关及其工作人员经常保持同人民的密切联系，倾听人民的意见和建议，接受人民的监督的具体实现方式之一；强调信访工作也是实现《宪法》第 41

条第 1 款规定的公民对于任何国家机关和国家工作人员有提出批评和建议的权利，以及对于任何国家机关和国家工作人员的违法失职行为有向有关国家机关提出申诉、控告或者检举的权利的重要途径。对信访工作三个"重要"的定位，从政治上、党和政府的工作改进上、人民群众的权利实现上凸显信访工作的位势，体现了信访工作的政治性、人民性、群众性，指出了信访工作在国家治理中的作用和任务，明确了新时代信访工作的发展方向和着力点。

4. 信访工作的指导思想与总目标

《信访工作条例》第 4 条规定的是信访工作的指导思想以及落实指导思想的要求，提出了信访工作的总体目标。强调贯彻落实习近平总书记关于加强和改进人民信访工作的重要思想，增强"四个意识"、坚定"四个自信"、做到"两个维护"。并特别提出了信访工作的大局观，要求牢记为民解难、为党分忧的政治责任，坚守人民情怀，坚持底线思维、法治思维，服务党和国家工作大局，维护群众合法权益，化解信访突出问题，促进社会和谐稳定。其中，信访工作为民解难、为党分忧是政治责任，信访工作的人民情怀、底线思维与法治思维是信访工作中必须要坚持的指导思想。服务党和国家工作的大局，维护群众合法权益，化解信访突出问题，促进社会和谐稳定，则是信访工作的总目标。

5. 信访工作原则明显扩展

《信访工作条例》第 5 条规定的是信访工作应遵循的原则。相较于国务院 2005 年的《信访条例》第 4 条的工作原则规定而言，有明显变化。

《信访条例》第 4 条规定："信访工作应当在各级人民政府领导下，坚持属地管理、分级负责，谁主管、谁负责，依法、及时、就地解决问题与疏导教育相结合的原则。"《信访工作条例》第 5 条调整为：坚持党的全面领导、坚持以人民为中心、坚持落实信访工作责任、坚持依法按政策解决问题、坚持源头治理化解矛盾等 5 个方面的原则。

《信访工作条例》明确提出了政治方向在信访工作中的重要性，强调了党的全面领导，要求把党的领导贯彻到信访工作的各个方面、各个过程环节；明确信访工作的人民性、群众性，坚持以人民为中心，坚持党的群众路线，听取群众呼声，尤其是要求通过信访工作为基层群众、困难群众排忧解难，将群众性作为信访工作的原则之一。

在信访工作责任原则上，在原有的属地管理、分级负责，谁主管、谁负责的信访工作责任制之前，加上了党政同责、一岗双责，并将其放在责任制的首位，对各级党政领导班子提出了更高的信访责任要求，是党的十八大以来对信访工作的经验总结。

在解决信访问题上，提出了坚持依法按政策解决问题的原则，将信访纳入法治化轨道，依法维护群众权益、规范信访秩序，在群众权益和公共秩序之间通过法治化的方式，寻求更大范围上的公共平衡。

在源头治理上，要求信访工作多措并举、综合施策，把着力点放在源头预防和前端化解，把可能引发信访问题的矛盾纠纷化解在基层、化解在萌芽状态。这一原则，对基层提出了特殊要求，同时也授权基层进行创新工作，为基层治理创新提供了广阔的制度空间，各类基层治理共同体如果能深刻领会这一原则，并在工作中积极创新学习，将会为国家治理提供丰富的基层经验。

6. 对信访工作的总体要求

《信访工作条例》第6条是总则的补充条款，是对总则部分其他条款未明确规定事宜的补充性规定，主要是针对开展信访工作的各级机关、单位的要求，包括6个方面：应当畅通信访渠道，做好信访工作，认真处理信访事项，倾听人民群众建议、意见和要求，接受人民群众监督，为人民群众服务。总体要求的6个方面看似简单，实际上对工作的要求很高，尤其是在具体工作中遇到一些拿不准的问题时，缺乏具体的制度规定，不知道工作该如何开展的时候，可以对照第6条的"6个要求"开展工作。

《信访工作条例》第6条作为对机关单位开展信访工作的总体要求，与第1条制定目的、第2条适用范围、第 3 条工作定位、第 4 条指导思想与总目标、第 5 条工作原则，共同构成《信访工作条例》的总则。

二、信访工作体制

《信访工作条例》第 2 章是关于信访工作体制的规定。该章是《信访工作条例》的一个亮点，国务院 2005 年制定的《信访条例》没有这方面的规定。《信访工作条例》第 2 章"信访工作体制"，共 10 条，呈现出总分结构。

第 7 条是对信访工作的整体格局的概括，明确健全党领导信访工作的体制机制，构建党委统一领导、政府组织落实、信访工作联席会议协调、信访部门推动、各方齐抓共管的信访工作格局。

1. 党委统一领导

《信访工作条例》第 8 条规定了党中央对信访工作的统一领导，第 9 条规定地方党委领导本地区信访工作。第 8 条、第 9 条共同构成对党委统一领导的全面阐述。在党委统一领导方面，明确党中央加强对信访工作的集中统一领导以及党中央在信访工作方面政治引领、政策制定、队伍建设领域的工作重点；规定地方党委领导本地区信访工作，贯彻落实党中央决策部署，执行上级党组织部署要求，统筹信访工作责任体系构建，支持和督促下级党组织做好信访工作，并且明确了地方党委在信访工作中的重点任务。信访队伍建设明确由党中央进行领导建设，意味着信访队伍建设将进入"快车道"，一支政治意识高、政策水平高、工作能力强的信访工作队伍，将会快速成型。

2. 政府组织落实

在政府组织落实上，要求各级政府贯彻落实上级党委和政府以及本级党委关于信访工作的部署要求，履行组织各方力量及时妥善处理信访事项，研究解决政策性、群体性信访突出问题和疑难复杂信访问题等职责。党政在信访工作上呈现出分工协调的关系。

3. 信访工作联席会议协调

在信访工作体制上，《信访工作条例》明确规定了信访工作联席会议。这意味着长期以来仅仅是一种工作机制的信访工作联席会议，变成了一种确定的制度安排，成为信访工作体制的关键构成，成为信访工作中关键协调机制，这一制度安排更符合国家治理的需要。《信访工作条例》同时对中央和各级地方的信访工作联席会议的设置与运行进行了明确规定，尤其是对中央信访工作联席会议的规定，使联席会议具有高度的政治性和权威性。《信访工作条例》同时对联席会议的召集人，尤其是地方联席会议的召集人作出规定，使联席会议的政治规格上升到地方政治的顶层区域，使联席会议能够在现实的政治与行政系统中更顺畅运行，更贴合地方的政治与行政的现实状况。需要特别注意的是，《信访工作条例》将联席会议从一种工作机制变成体制制度安排，可能存在信息公开的要求。

4. 信访部门推动

在信访部门推动方面，规定党委和政府信访部门是开展信访工作的专门机构，承担受理、转送、交办信访事项，协调解决重要信访问题，督促检查重要信访事项的处理和落实等工作职责，同时规定其他机关、单位应当根据信访工作形势任务明确负责信访工作的机构或者人员。《信访工作条例》第14条第4项专门要求信访部门应当履行"综合反映信访信息，分析研判信访形势，为党委和政府提供决策参考"的职责，这意味着从中华人民共和国成立之初便赋予信访工作机构的研究、参谋职能，再次成为信访工作机构的核心职能，也意味着当前信访部门的工作需要从工作型信访转向工作兼研究型信访。

5. 各方齐抓共管

在各方齐抓共管方面，规定各级党委和政府以外的其他机关、单位应当做好各自职责范围内的信访工作，将预防和化解政策性、群体性信访问题单独列出要求予以重视。拓宽完善群团组织、社会组织、党代表、人大代表、政协委员、社会工作者等社会力量参与信访工作的制度化渠道。

在街（乡镇）、社区（村）层面上，强调乡镇党委和政府、街道党工委和办事处，以及村（社区）"两委"在协调处理化解发生在当地的信访事项和矛盾纠纷的作用。要求乡镇、街道、村（社区），在矛盾化解与预防上,学习"枫桥经验",努力做到"小事不出村、大事不出镇、矛盾不上交"。

6. 基于属地管理的分级负责

《信访工作条例》确定了在属地管理的基础上对矛盾纠纷化解以及信访问题的分级负责体制。

各级党委和政府信访部门协调解决重要信访问题,督促检查重要信访事项的处理和落实等。地方各级信访联席工作会议协调处理发生在本地区的重要信访问题。各级政府组织各方力量加强矛盾纠纷排查化解,及时妥善处理信访事项,研究解决政策性、群体性信访突出问题和疑难复杂信访问题。各级机关、单位化解政策性、群体性信访问题,加强对下级机关、单位信访工作的指导,推动矛盾纠纷及时有效化解。街(乡镇)、村(社区)协调处理化解当地信访事项和矛盾纠纷。

7. 保障措施

《信访工作条例》还从信访部门建设、领导班子选配、队伍专业化、干部教育培训、岗位锻炼、经费支持等方面明确信访工作保障措施。《信访工作条例》对信访工作体制的整体规划与关键点设置,从顶层设计到运转的关键环节均有了相对明确的规定与要求,使其真正能够运转。

三、信访事项提出与受理的重要调整

《信访工作条例》第 3 章规定的是信访事项的提出

和受理。该章在 2005 年的《信访条例》中有相当多的篇幅，《信访工作条例》在原《信访条例》的基础上进行了优化，除了在立法技术上的改进之外，更重要的是将现实工作中行之有效的一些措施明确写入了《信访工作条例》。

1. 对各级机关、单位的要求

为便于人民群众提出信访和受理机关受理信访，《信访工作条例》特别要求各级机关、单位应向社会公布网络信访渠道、咨询投诉电话，并要求公布与信访工作有关的党内法规和国家法律、法规、规章，以适应电子通信和网络时代的要求。同时，要求进行信访工作信息化、智能化建设，依法进行互联互通、信息共享，开展"阳光信访"。

《信访工作条例》明确要求各级机关、单位领导干部应当阅办群众来信和网上信访、定期接待群众来访、定期下访，包案化解群众反映的突出问题。同时要求市、县级党委和政府应当建立和完善联合接访工作机制，根据工作需要组织有关机关、单位联合接待，一站式解决信访问题。将信访工作的一些优良传统和行之有效的做法，变成刚性要求，通过强化领导的信访工作责任，方便解决人民群众的信访问题。

2. 对信访人的要求

《信访工作条例》对信访人提出信访事项明确了 3 个方面的要求。

第一，规定信访人提出信访事项，应当客观真实，对其所提供材料内容的真实性负责，不得捏造、歪曲事实，不得诬告、陷害他人。这一规定是原有规定的重申，保证信访不被错误使用，避免错误使用信访导致信访制度丧失社会信任。

第二，规定信访人采用走访形式提出信访事项的，应当到有权处理的本级或者上一级机关、单位设立或者指定的接待场所提出。信访人采用走访形式提出涉及诉讼权利救济的信访事项，应当按照法律法规规定的程序向有关政法部门提出。多人采用走访形式提出共同的信访事项的，应当推选代表，代表人数不得超过5人。该规定主要是为了避免信访对公共秩序的冲击，在维护人民群众信访权益与维护公共秩序之间寻求平衡。将走访设定在本级或上一级机关、单位设立或者指定的接待场所，既为信访人提供了越一级上访的空间，避免本级处理不力导致的群众权益受损；同时，也避免了信访人越多级上访造成的资源浪费和秩序管理困难。

第三，规定信访人在信访过程中应当遵守相关法律、法规，不得损害国家、社会、集体的利益和其他公民的合法权利，自觉维护社会公共秩序和信访秩序。《信访工作条例》第26条除列举了原《信访条例》已规定的6类禁止行为外，还增加了不得毁坏财物的规定，同时也增加了对单位工作人员的人身权保护。尤其是对单位工作人员的人身保护，对信访秩序的管理尤其重要，有利于在信访早期遏制信访中的暴力攻击行为，对信访中不当行为到违法行为的演化有很好的预防控制作用。现实中，国有企事业单位的信访接待人员、村（社区）的接待人员是最先接触信访人的，他们易受到情绪激动的极少数信访人的攻击，若没有对信访人早期攻击行为的遏制，可能使这些极少数信访人产生因信访进行的攻击行为可以免受法律制裁的错误认识。不遏制极少数信访人的攻击行为，会使信访制度的社会声誉受到贬损。

3. 分类受理

在信访受理上，《信访工作条例》除了将原有的涉法涉诉信访分离之外，还专门作出规定，将属于纪检监察机关的检举控告类信访事项转送纪检监察机关，以适应监察委设立的体制改革现实。

4. 转送交办

在转送交办上，为方便信访群众，在对信访登记、书面告知进行规定的基础上，《信访工作条例》第23条对转送、交办的书面告知也进行了明确规定，要求对党委和政府信访部门或者本系统上级机关、单位转送、交办的信访事项，属于本机关、单位职权范围的，有关机关、单位应当自收到之日起15日内书面告知信访人接收情况以及处理途径和程序；不属于本机关、单位或者本系统职权范围的，有关机关、单位应当自收到之日起5个工作日内提出异议，并详细说明理由，经转送、交办的信访部门或者上级机关、单位核实同意后，交还相关材料。该规定使转送交办的操作更加规范。

5. 受理争议解决机制

在信访受理争议上，《信访工作条例》第 24 条在原有的涉访机关单位协商受理、共同上级决定受理的基础上，增加了联席会议协调处理。在原有的继权机关单位受理、政府受理、政府指定受理的基础上，增加了党委受理、党委指定受理。

6. 信访信息报送

在可能造成社会影响的重大、紧急信访事项和信访信息报送上，《信访工作条例》为适应新的信访工作体制进行了较大的调整。

第一，信息报告的源头从公民、法人或者其他组织变成了各级机关单位，这意味着各级机关单位的信访事项和信访信息的信息排查和信访情势研判需要及时跟上。

第二，条例要求机关单位在报告本级党委和政府的同时，还要通报相关主管部门和本级信访工作联席会议办公室，即进行双报告和双通报。

第三，在双报告、双通报的同时，在职责范围内依法及时采取措施，防止不良影响的产生、扩大。

第四，地方各级党委和政府信访部门在信访信息报告上，采用特殊的双报告制度，要求向上一级信访部门报告的同时，报告国家信访局，这一制度使国家信访局可以跨越政府层级从整体上把握全国信访的整体形势。

四、信访事项办理新变化

《信访工作条例》第 4 章规定了信访事项办理，在原有的办理基础上，结合信访工作体制的整体调整，将近年来的信访办理改革的成果固化存储在制度规范之中，突出了化解矛盾的重要性和程序规范。其中比较典型的是：

第一，将"三到位一处理"、依法按政策及时就地解决群众合法合理诉求的办理要求写入《信访工作条例》。尤其是"依法按政策"写入办理标准，体现了某些信访本身即是政策性的特点。对一些政策性信访，没有快速适应社会变迁的政策优化，往往是难以及时解决的。

第二，按照诉访分离的要求，将涉及诉讼权利救济的信访事项从普通信访体制中分离，由政法部门依法处理。

第三，根据信访事项性质的不同，《信访工作条例》区分建议意见类、检举控告类、申诉求决类事项，分别明确了受理办理程序，保证合理合法诉求依照法律规定和程序就能得到合理合法的结果。

第四，强化了人民建议征集制度，尤其是要求对涉及国计民生的重要工作，主动听取群众的建议意见。该要求的重点在于主动听取群众意见。尤其关注基层群众、底层民众，特别是生计可能受到政策调整影响的群众。底层群众的生活较为困难，需要进行特殊关注。征求政策相对人、标的人群的意见建议，可以提高政策可接受度，降低政策诱发信访事件的可能性，也是信访工作在降低政策社会风险上的得力举措。

第五，针对检举控告类信访事项，规定纪检监察机关或者有权处理的机关、单位应当依规依纪依法接收、受理、办理和反馈，党委和政府信访部门应当按照干部管理权限向有关部门和负责同志通报、报送反映干部问题的信访情况。将信访纳入组织人事工作，进入干部选拔任用监督系统，可以有效地预防干部的带病提拔。检举控告类信访的对象以干部居多，某些干部不是中国共产党党员，但也要接受党的领导，党章党规党纪和宪法法律法规的叠加适用，从严处理，对这类信访非常必要。

第六，对信访量最大的申诉求决类事项，分成6种情形，在办理程序上进一步细分为涉法涉诉事项办理程序、仲裁程序、党内程序、行政程序、信访程序等程序分别处理。对信访程序产生的信访处理意见书，信访人可以申请复查复核。

第七，对申诉求决类事项，加入了调解与和解，这种在实际工作中常用的解决方式，在《信访工作条例》中进行了确认。

第八，对信访处理意见书进行规范。《信访工作条例》第 32 条将原来的信访答复的公文格式明确界定为信访处理意见书，并对其关键内容作出了要求，使信访答复更严谨、更规范。

第九，强调了社会矛盾纠纷多元预防调处化解，尤其是疏导、协商、教育、帮扶、救助等多种措施。

五、强化监督与追责

《信访工作条例》第 5 章对监督和追责作出了规定，在原有的基础上，增加了一些内容，主要是将现有的一些措施进行明确规定。主要变化是：

第一，强化督查。在原有的政府信访督查工作制度基础上，要求各级党委和政府开展信访工作专项督查、落实信访工作责任专项督查。信访工作联席会议及其办公室、信访部门根据需要开展信访工作督查，并要求就发现的问题向地方和部门进行反馈，重要问题向本级党委和政府报告。明确提出各级党委和政府的督查部门将疑难复杂信访问题列入督查范围。形成党委和政府专项督查、疑难复杂信访问题督查以及信访联席会议及其办公室、信访部门的信访工作督查，从不同的角度对信访工作、信访问题进行督查。

第二，明确将信访工作情况列入各级党委和政府的考核范围，考核结果在适当范围通报，并作为对领导班子和领导干部综合考核评价的重要参考。这意味着信访工作的排名是制度要求，必须继续执行；信访工作考核将对相关官员的升迁产生重要影响，要求领导重视信访工作将是实实在在的硬性要求。

第三，在原有的通报、督办基础上，将现实运行中的约谈、通报、挂牌督办、责令限期整改纳入对在信访工作中履职不力、存在严重问题的领导班子和领导干部的考核管理过程中，使其法治化，使管理力度层次更精细，更能体现过错与担责相对应原则。

第四，建立年度报告制度，对原有的定期的信访情况分析报告进行制度改革。其中有几个关键变化值得注意：首先，将原有的信访工作机构向本级政府定期提交信访情况分析报告，调整为党委和政府信访部门编制信访情况年度报告，意味着该报告可能要在党委和政府进行审议。其次，信访情况年度报告不仅要提交本级党委和政府，同时要求提交给上一级党委和政府信访部门，意味着信访工作在强化垂直系统内的二级管理，上级信访部门加强对下级信访部门工作的管理力度。最后，将改进工作、完善政策、追究责任建议以及被采纳情况纳入年度报告应当包括的内容，意味着信访部门的三项建议权必须落在实处，需要真正运行起来，否则在年度报告中就会出现空白内容。三项建议权的强制性启动与运行，将使信访部门从权力边缘区向权力中心区移动。

第五，要求信访部门向巡视巡察机构提供信访情况。《信访工作条例》要求信访部门向巡视巡察机构提供被巡视巡察地区、单位领导班子及其成员和下一级主

21

要负责人有关信访举报的重要信访问题，需要巡视巡察工作关注的重要信访事项等情况。该规定使信访更能体现出人民群众的监督权，使人民群众的监督权在巡视巡察活动中得到重视，间接避免巡视巡察组的驻地聚集信访群众的现象多发。

第六，对信访工作的追责依据从依法扩展为"依规依纪依法"。这意味着在信访工作中直接负责的主管人员和其他直接责任人员，滥用职权、不作为、违反法定程序等，不仅要面临行政处分、刑事责任追究等法律惩罚，同时党内人士也要面临党规党纪处分。这一扩展，尤其是与党纪严于国法相结合，充分体现了中国共产党在为人民服务的宗旨下，真诚开展群众工作，勇于自我革命的精神。

除上述重要变化之外，《信访工作条例》还有许多新亮点，比如：简化了公安机关对非正常访的处理程序，解释权交给国家信访局等。

从总体上看，《信访工作条例》从党内法规和国务院的行政规范双重管理结构上，既对党和政府的信访工作进行了全面适用，也对信访人进行了全面适用。《信访工作条例》通过党的全面领导，重申了在信访工作中党的群众路线和以人民为中心的原则，健全了信访工作的体制、机制，并紧抓领导干部责任制，以领导干部为抓手，推动新时代的信访工作迈上新台阶。

第三章 《信访工作条例》施行意义

《信访工作条例》总结了党长期以来领导和开展信访工作经验，特别是党的十八大以来信访工作制度改革成果，坚持和加强了党对信访工作的全面领导，理顺了信访工作体制机制，是新时代信访工作的基本遵循。它的正式施行，为加强和改进新时代信访工作提供了有力制度保障。

一、探索了中国特色社会主义法治政治性立法的新思路

长期以来，党政工作在强调法治化、专业化的同时，也要求讲政治。如何在法治中讲政治，一直是困扰各类工作人员的问题。《信访工作条例》的出台，开创了将政治性要求纳入法治化轨道的新思路。创造性地将

党的以人民为中心的发展思想、群众工作、了解社情民意等政治要求，与完善信访工作责任体系、用好信访工作制度改革成果结合在一起。把信访本身的政治属性，与党的全面领导、以人民为中心、党的群众路线政治要求相结合，将社会影响放在工作考核的关键指标，既实现了党的政治要求，也体现了信访工作为党分忧、为民解难的工作特点。

将政治要求与工作机理相结合，用党内法规结合政府规范性文件的形式，创造性地将党规党纪国法结合在一起，对不同的机关、单位、公民、法人、非法人单位进行全覆盖，将党的先进性带进法治的具体规范中，是一种法治化的新思路。为人大机关、政协机关、监察机关、审判机关、检察机关制定贯彻执行《信访工作条例》，提供了新思路。

二、信访在法治规范上进入党政融合新时代

在中国革命和建设过程中，党的政策在政治生活中始终发挥着领导核心作用，在党政关系上党始终发挥着领导作用。改革开放以来，为了让政府探索改革，用党政分开的方式为政府提供改革空间，随着改革成为全党共识、全民共识、全国共识，改革进入新时代，党政关系进入党政融合新时代。

从中国信访的历史沿革看，从 20 世纪 50 年代初的信访制度建立到 1982 年，党中央和国务院的信访工作机构是分设的，各自依据相关政策开展工作。直到1982年《党政机关信访工作暂行条例（草案）》出台，党政信访工作开始融合。1986年，中共中央办公厅信访局、国务院办公厅信访局合署办公，机构上的合署一直持续至今。1995年在党政分开的背景下国务院制定了行政法规《信访条例》（2005年进行修订），开启了信访制度的行政立法模式，尽管在《信访条例》第1条明确规定"为了保持各级人民政府同人民群众的密切联系，保护信访人的合法权益，维护信访秩序，制定本条例"，阐明了信访的政治性，但限于当时对行政法规的认识，条文中未能将政治性充分呈现。由于信访本身的政治属性未能在《信访条例》中充分呈现，只能在实际工作中强调"讲政治"，导致信访工作实践中出现诸多不便。《信访工作条例》把党的领导，信访的政治属性、人民属性、群众属性与政府工作结合在一起，使信访在法治规范上进入党政融合的新时代。

三、推动信访工作法治的统一性

《信访工作条例》创造性地通过党内法规与规范性文件相结合的方式，使信访工作在党内党外、党政机关及国家各系统获得信访法治的统一性；使党规党纪国法叠加在信访工作领域，将信访是执政者为社会矛盾负总责的内在机理与中国共产党的先进性结合起来，在为人民服务上统一起来。同时，《信访工作条例》用最小改变信访工作模式、群众信访认知的方式，完成信访法治从单纯的行政法向政治性信访工作统领法转型。这一法治化的转型方式值得各级领导、立法者、政策制定者、执法者、研究者的高度关注。

《信访工作条例》对信访工作强调依规依纪依法追责，将党的先进性、严于律己的自我革命精神和党纪严于国法融进法治规范，对从事信访工作的领导干部和工作人员提出了更高标准、更严格的要求。同时，《信访工作条例》取消了信访人在法律面前的特殊性，取消了原《信访条例》第 47 条"经劝阻、批评和教育无效的"这一对信访人进行治安管理的前置规定，更能体现法律面前人人平等的法治统一性。

四、信访办理的公共政策模式正式起航

《信访工作条例》对信访办理的要求从原来的"依法、及时、就地解决"，转变成"依法按政策及时就地解决"，这一转变意味着在信访办理过程中，以往的"一事一议"工作模式将逐渐淡出历史舞台。对于信访事项的办理不能突破法律政策的规定，若某一信访案件的办理，现有的法律政策无法解决，就需要制定政策或修订政策。在《信访工作条例》规定的信访工作体制中，党委和政府作为最重要的政策制定者，有能力对政策制定、修改作出快速反应。在通过新政策之后，按照

新政策进行办理，这意味着对所有的公民将一视同仁，而不是对个别信访人"开口子"。信访办理的公共政策模式是信访法治化的一个重要成果，对人民群众而言也是信访法治统一性的重要体现。

总而言之，《信访工作条例》的出台，开创了中国法治化的新思路，开启了中国法治进入党政融合的新征程，实现了信访法治统一性，预示着信访工作公共政策模式将正式起航。

第二部分

《信仿工作条例》 特别评论

本部分由中国政法大学信访与治理研究中心秘书长、《信访与治理研究》刊物执行主编王凯撰写

信访是具有中国特色的
宝贵制度资源

　　《中共中央关于党的百年奋斗重大成就和历史经验的决议》明确指出要"完善信访制度"。习近平总书记强调："各级党委、政府和领导干部要坚持把信访工作作为了解民情、集中民智、维护民利、凝聚民心的一项重要工作，千方百计为群众排忧解难。"信访制度呈现出回应性、参与性、协商性和监督性等特点，信访制度的运行、发展与完善，彰显了中国特色社会主义制度优势，也是体现我国全过程人民民主优势的重要窗口。

　　信访制度具有回应性，形成了具有中国特色的民意诉求精准识别与回应机制。1951年，政务院发布了《关于处理人民来信和接见人民工作的决定》，这标志着新中国信访制度的正式确立。纵观信访制度70多年的发展历程，信访制度作为中国共产党人践行"群众路线"的重要制度创设，搭建了政府与民众沟通的"桥梁"和"纽带"，成为民众直接表达民意诉求的重要渠道。当前，各地健全了网上信访机制，优化了12345电话平台，民众可通过信息网络、书信、电话和走访等形式表达多元诉求。各级党委政府还普遍建立党政领导阅批来信制度、定期接待来访制度、领导包案制度和领导下访制度。2022年，中共中央、国务院印发了《信访工作条例》，积极推动各级党委政府健全完善信访工作联席会议制度。这些信访工作方式畅通了民意表达渠道，有利于信访人及时便利、低成本、高效率地提出信访事项，表达多元诉求；这些信访工作方式及时回应了各类民生需求，有力推动社会矛盾问题的化解，维护公民的合法权益。

信访制度具有参与性，构建了具有中国特色的有序政治参与渠道。信访制度是我国公民直接参与国家治理的重要制度设置，公民可通过信访渠道提出意见和建议，参与国家法律政策的制定和实施。中共中央、国务院新颁布的《信访工作条例》明确要求"各级党委和政府应当健全人民建议征集制度，对涉及国计民生的重要工作，主动听取群众的建议意见"。实践中，北京、上海等地的信访机构都建立了专门的人民建议征集部门，上海市人大常委会还制定了《上海市人民建议征集若干规定》，推进人民建议征集制度的健全完善。当前，越来越多民众积极通过信访渠道主动参与公共事务，信访制度以公开参与为动力，以体现公民的知情权、表达权和参与权为核心，建立了广覆盖、常参与、见实效的政治参与渠道，助力推进公共决策的科学化、民主化。

信访制度具有协商性，通过沟通寻找理性共识，打造了具有中国特色的协商民主治理机制。近年来，各地积极推进信访制度建设领域的创新完善，亮点频出，一个重要的创新动向是发挥协商民主在基层社会矛盾治理领域的作用，从而破解一些疑难信访问题"终而不结"的困境，如浙江温岭的民主恳谈制度、广东深圳市龙岗区的"信访评理团"制度、浙江海宁市的"信访评议团"制度等。这些创新举措的共性是搭建协商民主的平台，推动多方利益主体进行公开讨论、协商和评议，包容分歧、寻求最大公约数、达成理性共识，最终形成解决问题的方案。新颁布的《信访工作条例》也强调综合运用教育、协商、疏导等办法，多措并举化解矛盾纠纷。当前，在信访工作领域，协商民主的理念和方法得到广泛使用，成为协商民主治理运作形态在当代中国治理实践中的新拓展。

信访制度具有监督性，是范围广泛的权力监督制度，形成了具有中国特色的公共权力纠错纠偏机制。新颁布的《信访工作条例》明确指出信访工作是各级机关、单位及其领导干部、工作人员接受群众监督、改进工作作风的重要途径。信访制度是我国公共权力监督体系的重要组成，通过信访渠道，民众可直接向党委政府反映情况，提出申诉、检举和控告。实践中，纪检监察类信访问题是民众反映的重要信访问题，涉及政府官员各类违法违纪行为，如贪污腐败、滥用职权、作风粗暴、行政不作为等问题，对公权力依法运行起到重要监督作用。作为一种权力监督方式，信访具有监督范围广泛、监督方式灵活等特点，赋予最广大群众以最广泛的权利，对公共权力实施监督。

在当代中国，信访制度通过回应民众诉求、直接公开参与、理性协商共识、权力监督纠错等多元互动方式，将人民的需求、人民的参与、人民的协商、人民的监督有机统一起来，丰富了当代中国国家治理的实现方式，提升了当代中国国家治理的运行质量，彰显了中国特色社会主义的制度优势。就未来而言，应持续推进信访制度的创新与完善，助力我国国家治理体系和治理能力现代化建设。

第三部分

信访法治化建设与信访工作创新前沿探讨

国家治理视野下信访制度特性和功能的再审视

张宗林　王　凯

　　摘　要：信访是体现"公民信赖"的制度，是遵循"动态民主"的制度，是简洁高效的"权利救济"制度，是范围广泛的"权力监督"制度。从国家治理的视野审视信访制度，当前的信访制度具有特质数据、负正效应、隐性推力和刚性依赖四大特性。信访制度作为我国国家治理体系的重要组成，是中国特色的人民权益保护制度，是我国国家治理体系中风险预警、政策纠偏的制度设置，是我国公民参与国家治理、实施权力监督的重要制度安排，也是中国特色的替代性纠纷解决机制。从长远而言，推动新时期信访制度的改革完善，应积极推进信访法治化建设进程，推进信访制度成为国家治理体系下的重要制度设计，推进信访机构成为党和政府重要的特色智库。

关键词：国家治理　信访制度　功能定位　信访法治化　新型智库

　　当前，我国仍处于转型时期，我国的转型期具有特殊复杂性，在三十多年的时间内完成了发达国家一二百年走完的路，转型的过程中不仅要将工业化、城市化、市场化三类转型浓缩于同一历史时期，同时，还要应对贸易、反恐和生态等全球化的各类纷争和挑战，快速、集中、多重的转型不可避免地引发经济、社会领域的深刻变化，现代化和现代性问题并存，"社会矛盾和问题交织叠加"①，各类社会矛盾问题集中凸显、趋于复杂化。新的历史时期，社会矛盾治理已成为我国国家治理的瓶颈，是推进国家治理体系和治理能力现代化建设亟待破解的重要议题。

　　面对高发的社会矛盾，作为中国特色的社会矛盾治理机制，信访制度备受关注。信访制度成为各类社会矛盾的聚集地，这使信访制度承受了前所未有的压力，其在功能定位、法律依据、体制结构和运行机制等方面面临一系列的挑战。信访制度运行过程中的挑战和困局，

---

　　① 习近平：《决胜全面建成小康社会夺取新时代中国特色社会主义伟大胜利——在中国共产党第十九次全国代表大会上的报告》，人民出版社 2017 年版，第 9 页。

信访制度对于我国社会矛盾治理的特殊重要性，使信访制度的改革完善成为学界关注的焦点话题。对此，学者们从不同视角做出很多探索，提出很多真知灼见，但鲜有学者从国家治理的视角探索信访制度的现状特点及未来走向。在推进全面深化改革的时代背景下，有必要从国家治理的视角剖析信访制度的历史沿革和现状特性，重新审视信访制度的功能定位，推动我国信访制度的深层变革，推进政府治理、社会治理的创新发展，助力国家治理体系和治理能力现代化建设。

一、信访制度是具有中国社会主义特色的宝贵制度资源

今天的现实是昨天历史的逻辑延伸，对于信访制度现状的探讨，需要了解其昨天的历史沿革，这样有利于全面地了解制度的特性。"信访是一个地道的中国问题"[①]，围绕信访形成的制度也具有浓郁的中国特色。信访制度作为当代中国社会的本土性制度，是当代中国人真实生活的创造物，体现了当代中国的民主精神。信访制度发端于新中国成立之前，无论在建党初期、在革命根据地、在井冈山、在中央苏区、在延安，以毛泽东同志为代表的第一代领导人十分注意从群众的来信来访

[①] 李宏勃：《法制现代化进程中的人民信访》，清华大学出版社2007年版，第 3 页。

中了解民意诉求，发现重大问题，完善相关政策，如1921年，毛泽东同志收到安源煤矿工人来信，亲自到安源煤矿了解情况[①]；1942年，毛泽东同志根据群众来信来访提请党中央讨论大生产运动的得失[②]等。

新中国成立开创了信访工作的新纪元。1951年5月16日，毛泽东同志在中央办公厅秘书室《关于处理群众来信情况报告》上批示指出："必须重视人民的通信，要给人民来信以恰当的处理，满足群众的正当要求，要把这件事看成是共产党和人民政府加强和人民联系的一种方法，不要采取掉以轻心置之不理的官僚主义的态度。"[③] 毛泽东同志的批示首次明确了信访工作定位："共产党和人民政府加强和人民联系的一种方法"，同时也确定了"密切联系人民群众"这个信访工作的核心内涵或本质属性。1951年6月7日，政务院发布《关于处理人民来信和接见人民工作的决定》，这标志新中国信访制度的正式确立。[④] 1957年5月28日召开

---

① 刁杰成编著：《人民信访史略》，北京经济学院出版社1996年版，第20－21页。

② 中共中央办公厅、国务院办公厅信访局编著：《信访学概论》，华夏出版社1991年版，第21页。

③ 中共中央文献研究室编：《毛泽东文集》（第六卷），人民出版社1999年版，第164页。

④ 张宗林主编：《中国信访史研究》，中国民主法制出版社2012年版，第41页。

的第一次全国信访工作会议上，"密切联系人民群众"的定位进一步明确。

粉碎"四人帮"以后，特别是1978年党的十一届三中全会以来，信访制度得到恢复和发展。1982年，第三次全国信访工作会议讨论通过了《党政机关信访工作暂行条例（草案）》，该草案实质性地推进了信访机构和工作人员的专职化和普遍化，也开创了信访工作法制化的新方向。1995年，国务院颁布了《信访条例》，结束了我国信访制度长期以来无法可依的历史，该条例以法律的形式明确信访制度"为了保持各级人民政府同人民的密切联系，保护信访人合法权益"的运行目标。2005年，《信访条例》得到修订和完善，信访法治化进程不断深入，"为了保持各级人民政府同人民群众的密切联系，保护信访人合法权益"的目标得以再次明确。2022年，中共中央、国务院发布《信访工作条例》，以党对信访工作的全面领导统揽信访工作全局，为新时代信访法治化建设提供了制度基础，开启信访法治化建设新的篇章，该工作条例强调信访工作应"服务党和国家工作大局，维护群众合法权益，化解信访突出问题，促进社会和谐稳定"。

纵观信访制度的发展历程，作为一项具有中国特色的本土制度，信访制度是中国共产党人"从群众中来，到群众中去"的群众路线的体现，是党和政府发扬民主、联系群众、了解民情、接受监督的重要渠道。设立之初，信访制度就具有深厚的民主因素，如1957年11月29日发布的《国务院关于加强处理人民来信和接待人民来访工作的指示》指出，"在我们的国家，人民群众通过向政府机关写信和要求面谈，提出各种要求，表达各种愿望，对各项工作提出意见，对一些工作人员提出批评，这是人民的一种民主权利，是人民监督政府工作的一种方法。"① 在近七十年的演变历程中，信访制度呈现如下本质属性：

（一）信访是体现"公民信赖"的制度

信访制度本质上是一个在既定制度框架内实现正义的过程。公民选择启动信访制度，需满足三个基本的前提：一是对当前政权合法性的认同；二是对现实制度规范的认同；三是对受理组织正当性的认同。这三个认同前提构成了公民启动、运用信访制度的基本心态。实践中，公民在利益受损时往往对党和政府为自己解决问题抱有坚定的信心，事实上，从公民信访行为就可以看出，党和政府在公民的心目的权威地位。因此，信访本身就体现了公民对合法权威的认同。因此，信访实际上是树立政府公信力、培育和强化公民对于国家和政府政治认同的重要制度设置。

---

① 王凯主编：《信访制度与国外相关制度分析研究》，中国民主法制出版社2013年版，第12页。

（二）信访是遵循"动态民主"的制度

信访制度是我国公民直接表达民意诉求的法定渠道，"人民信访制度是密切联系群众的重要渠道和纽带，是人民直接参与制度的一个重要组成部分。"① 在当代中国，信访是我国公民一种重要的自发式政治参与渠道。与动员式政治参与相比，自发式政治参与更为积极主动，参与主体对自己行为拥有清晰的认识、明确的意图，因此，自发式参与对公共决策的意义重大。具体而言，公民可以通过信访制度参与国家法律、政策的制定和执行，从而对政府决策和公共政策产生影响。实践中，作为由公民主动发起的民主行为，信访对民主具有改进和修复的意义，成为具有不断建构功能的"动态民主"。由此，信访具有立法、执法和司法所不具有的民主优势，是一种实实在在的人民民主机制。信访显露的民主信息具有可见性、直接性和协商性。

（三）信访是简便高效的"权利救济"制度

信访制度维护了公民的合法权益。我国《宪法》规定，"中华人民共和国公民对于任何国家机关和国家工作人员，有提出批评和建议的权利；对于任何国家机关和国家工作人员的违法失职行为，有向有关国家机关

---

① 浦兴祖：《中华人民共和国政治制度》，上海人民出版社 2005 年版，第 491 页。

提出申诉、控告或者检举的权利"①。这构成了信访制度存在的宪法依据，信访是公民批评、建议、申诉、控告和检举等基本权利的体现，信访制度是维护和实现我国公民基本权利的法定渠道。在我国目前的法律体系中，信访与行政复议、行政诉讼一样，是公民解决纠纷、维护权利的途径，而且，与行政复议、行政诉讼相比，信访涉及的领域更为宽泛，处理的机制更为灵活。

（四）信访是范围广泛的"权力监督"制度

信访是对公共权力的法定监督渠道，通过信访制度，公民可以直接向政府反映情况，提出批评意见，提出申诉、检举和控告。由于权力具有非自动实现的属性，需通过代理人才能实施，确保代理人真实代表公共利益的意愿，因此需要制度保障公民能够对权力的行使进行有效地监督。信访制度是我国公民参与社会公共事务、监督公共权力的重要手段。实践中，很多信访问题属于"投诉举报"性质，公民通过信访渠道反映的问题涉及公、检、法、司等部门工作人员不作为问题，涉及基层干部、部门领导干部和企事业单位领导干部违规违纪问题，对公权力运作起到重要的监督作用。信访制度是我国公共权力监督体系的重要组成。

可见，作为中国共产党人和中国人民的智慧和创

---

① 《中华人民共和国宪法》（2018 修正）第四十一条。

造，信访制度是我国政府与公民交流与互动的"桥梁"和"纽带"，是具有中国特色的政治与法律制度。在近七十年的发展历程中，信访制度体现了公民对合法权威的认同，呈现出民主性、救济性和监督性的制度属性，是我国宝贵的制度资源。

二、国家治理体系中信访制度的四大特性

任何制度都在发展的进程中不断演化，信访制度也不例外。自1951年信访制度创设以来，在秉承民主性、救济性和监督性等制度本质属性的基础上，在不同的历史阶段，信访制度发挥着不同的制度功能，呈现不同的制度特点。进入21世纪，伴随经济的高速增长，中国社会进入了一个社会矛盾凸显期和集中爆发期，如何化解社会矛盾和冲突，考验着各级政府的智慧。在此背景下，面对快速变迁的制度环境，作为国家治理体系的重要组成，信访制度不断创新发展，从而具备了崭新而又独特的制度特点。当前的信访已经不再是传统意义上的信访，"信访越来越与经济发展的速度和模式相关""信访越来越和公共政策的制定与执行相关""信访越来越与环境保护相关""信访与国家的社会保障机制越来越相关"①。新的历史时期，在现实运行过程中，信

---

① 张宗林、张建明、刘雯：《信访工作的新思维与新理念》，载《中国行政管理》2013年第6期。

访制度呈现如下的制度特性：

（一）特质数据：信访系统拥有反映国家治理现状的动态大数据

信访系统在接待群众来信来访过程中收集并存储了大量的资料和数据，从而形成了反映我国治理现状问题的动态数据库。信访是公民表达权益诉求的法定渠道，公民可通过书信、电子邮件、电话和走访等形式，向各级党委政府反映情况，提出建议、意见或投诉请求。近年来，全国信访机构普遍建立健全信访网上办公系统，信访事项可以及时转化为信访信息，录入信访信息系统。日积月累，信访系统已拥有基础数据庞大的动态数据库，国家信访局 2013 年的公开数据显示，仅当年 1 至 10 月份全国信访总量就高达 604 万件（人）次。[①]信访大数据涉及多元领域，具体包括十七大类，如城乡建设、三农问题、国土资源、劳动就业、住房问题、社会保障、教育文化、医疗卫生、环境保护、商贸旅游和纪检监察等领域，涵盖社会的方方面面，覆盖当前社会问题的热点和难点。信访数据是未经加工的原始民意资料，具有一手性、动态性，是中国社会矛盾现状的"缩影"，较为真实地反映国家治理面临的

[①] 《国家信访局：前 10 月全国信访总量 604 万件（人）次，同比降 2.1%》，载人民网，http://politics.people.com.cn/n/2013/1128/c1001-23683864.html.

问题及挑战。

信访大数据能够"立体"地、量化地反映社会矛盾的严重程度：第一，信访总量反映社会矛盾的"广度"。信访总量从数量的角度反映了一定区域内公民利益受损的情况，呈现了一定区域内社会矛盾的整体规模。第二，访信比（即来访数量与来信数量的比例）反映社会矛盾的"烈度"。从社会行为学来看，不同的信访行为反映矛盾的激烈程度各不相同。一般而言，来信的方式较为温和。与来信相比，来访是风险升级的体现。因此，在信访总量相同的情况下，访信比越高，社会矛盾激烈程度越高。第三，联名信、集体访①的数量反映社会矛盾的"强度"。集体访和联名信是指一个群体共同反映同一信访事件，往往表现为群体心理的聚合。比如，信访人在联名信上分别署名、按手印，信访人集体访时联合多人到场共呼口号。一般而言，集体行为产生的社会影响更大，这种因共同利益聚合而产生的社会影响力不容忽视。因此，联名信、集体访由于涉及群体利益，具有一定的组织性，凸显社会矛盾的群体

---

① 联名信，一般指5人或5人以上的信访人向各级信访部门反映同一问题，并共同签名的来信。集体访，一般是指5人或5人以上为反映同一问题的共同来访。

性。第四，重信重访①的数量反映社会风险的"深度"。重信重访总量和比例的居高不下并持续攀升，表明信访人反映的问题没有得到有效解决，信访矛盾持续积累，信访问题的化解难度增大。长此以往，可能会成为影响社会安定和经济发展的不稳定因素。第五，极端信访行为的数量反映社会矛盾的"异常度"。极端信访行为是指信访人偏离了正常的信访行为，甚至采用自焚、自残、以暴力相威胁等极端行为来表达诉求。极端信访行为往往具有较强的对抗性和暴力倾向，是社会矛盾激化的体现，值得高度关注。

　　大量信访数据反映的问题往往涉及公权力的运行，与政府、官员和公共政策紧密相关，这使信访数据具有独特的价值。很多信访问题涉及国家机关及其工作人员，法律、法规授权的具有管理公共事务职能的组织及其工作人员，提供公共服务的企业、事业单位及其工作人员，社会团体或者其他企业、事业单位中由国家行政机关任命、派出的人员，以及村民委员会、居民委员会及其成员的"职务行为"。这些涉及"职务行为"的信访事项，本质上是公共权力运行过程中与公民的私权发生冲突。因此，信访数据深层次地触及了政府治理的方

---

　　①　重信是指来信正在依法办理过程中或已经依法办结，信访人再次来信表达同一诉求。重访是指来访正在依法办理过程中或已经依法办结，信访人再次来访表达同一诉求。

式、方法，是反映当前公共权力运作过程中存在的瑕疵和问题的特质数据。

（二）负正效应：信访制度是我国国家治理的"负反馈机制"

反馈是治理系统自我控制、自我调节、自我完善的基本要求。1952 年，控制论创始人维纳在一次演讲中提出："必须存在一个有效的机制，使得对任何正常状态的严重偏离都会产生一个要把种种条件恢复正常的过程""这种机制叫做负反馈机制；它之所以叫做负的，是因为它在演绎中会产生一个可以消除原先误差的效应"①。可见，"负反馈机制"是一个系统信息反馈、纠偏纠错、不断优化的重要制度设置。一个治理系统的良性运行，离不开反馈机制的正常运行。在我国的国家治理体系中，信访制度便是一个重要的负反馈机制，集中体现为追踪民众的负面心态以及反映政策运行的偏差和异常。

习近平总书记高度重视信访工作，将人民群众来信来访作为了解群众期盼、总结为政得失的一面"镜子"。透过信访窗口，能洞察民众社会不满的现状、特点及趋势。信访作为民众表达不满的"减压阀"，是追踪社会心态的重要渠道。通过信访能直接观测民众的

---

① 庞元正、李建华编：《系统论、控制论、信息论经典文献选编》，求实出版社 1989 年版，第 302 - 303 页。

"显性不满"，它一般表现为利益受损引发的不满，并试图通过信访等方式寻求救济，因而这种不满往往直接表现出来。通过信访还可以洞察民众的"隐性不满"。"隐性不满"是指因治理的偏失，导致社会成员产生的尚未表达的不满，它往往具有隐蔽性、广泛性和积累性，是社会治理的难点。建立在信访大数据基础上的"智慧信访"人工智能分析平台，能够实现对民众的情感倾向分析，可深入挖掘民众的"隐性不满"，预警社会负面情绪的积聚。专项调查显示，信访人自我评价呈现较强的底层认同，具有负面倾向，这些负面情绪更多指向民生问题。①

透过信访窗口，能把握公共政策制定、执行过程中存在的问题。分析当前信访领域出现的新情况、新问题，越来越多的信访事项与公共政策的运行密切相关，如，返城知青、涉军信访和失独家庭等问题。公共政策制定得不合理，执行得不到位，协调得不顺畅是引发信访事项的重要原因。实践中，有些公共政策较多地注重促进经济发展而忽略了社会公平正义，而有些政策在制定时缺乏战略性研究，缺乏连续性和稳定性，没有形成科学合理的政策体系，缺乏配套性和协调性，没有形成损益补偿等衔接和配套机制，政策执行后出现一系列问

---

① 曹颖、陈满琪、徐珊珊：《转型期的社会心态研究——基于公众与信访人的实证分析》，载《信访与社会矛盾问题研究》2014年第5期。

题，从而成为触发信访与社会矛盾的政策性因素。以"涉军信访"问题为例，由于涉军优抚政策缺乏战略性研究，没有形成科学、稳定、连贯的政策体系，各地的损益补偿机制"碎片化"，使涉军群体在经济收入、社会地位、生活境遇上存在差别，产生被剥夺感和不公平感，从而诱发信访问题。因此，很多信访问题是相关政策运行"异常"的反馈。

从信访窗口看到的是负面消息，却发挥着正效应。作为"负反馈机制"的信访，能够及时反馈治理过程中存在的偏差和问题。信访渠道反馈的负面信息有利于政府了解民生需求，并锁定重要的社会风险点，促进相关政策的制定、调整和修正，推动政府和官员的依法行政，从而发挥积极的正向作用。

（三）隐性推力：信访制度产生优化国家治理的制度性推力

信访作为一种公共政策的优化矫正机制，具有独特性，能够发现公共政策运行过程中存在的问题，形成完善公共政策的制度性推力。通过信访渠道反映的信息，积极反思公共政策制定、执行和协调中的问题，并提出有针对性的对策和建议，有利于巩固党的执政基础、增强政府治理能力、推动社会治理创新、维护社会和谐稳定，具有极为重要的价值和意义。

实践中，信访问题形成社会压力，不断"隐性"推动政府纠偏纠错，促进政府持续地自我完善，推进政府治理的创新发展。信访问题能够形成综合性的社会压力，特别是一些涉及群体性利益的信访问题，容易引发媒体和社会的普遍关注，从而倒逼政府积极审视自身的行政行为，及时采取配套政策和补救措施，避免社会风险的积聚爆发。如，代课教师信访问题的解决过程就是信访制度发挥"隐性推力"的典型例子。2006 年开始，全国集中清退了 44.8 万名中小学代课人员，代课教师信访问题凸显。2011 年，教育部收到的代课教师信访问题达 2036 件，占到当年教育部信访总量的 16.4%，是占比最高的信访问题。① 对此，教育部、人社部、财政部和中央编办联合发布《关于妥善解决中小学代课教师问题的指导意见》（教人〔2011〕8 号），积极通过择优招聘、转岗使用、辞退补偿、纳入社保、就业培训等多种途径解决代课教师问题。在此政策的推动下，各地也都相继出台针对代课教师的工作方案，使代课教师问题得到一定程度的解决。目前，作为时间跨度较长、复杂程度较高的历史遗留问题，代课教师信访问题仍在解决过程中。

（四）刚性依赖：信访制度对国家治理具有不可或缺性

作为国家治理体系中独具特色的负反馈机制，信访

---

① 《中国教育年鉴》编辑部编：《中国教育年鉴（2012）》，人民教育出版社 2013 年版，第 134 页。

制度是不可或缺的。在国家治理进程中，信访制度的如下特征日益凸显：一是信访是为政府自我纠偏纠错设置的制度。政策制定执行过程中，政府往往难以发现自身的不足，信访为政府自我纠偏纠错提供不可多得的制度渠道。二是信访是为公民表达不满设置的制度。越来越多的信访问题与政府政策和公务人员的职权行为密切相关，公民不满的表达，直接推动对公权力运行的监督和检视。三是信访是为保护少数人（尤其是弱势群体）合法权益设置的制度。代议民主制下，多数人和强势群体的权益容易体现，少数人和弱势群体的权益容易被忽视。信访作为中国独有的保护少数人、弱势群体权益的机制，是对代议制民主的有益补充。实践中，信访制度往往需要直面政府治理、社会治理领域的很多新情况、新问题，这些问题往往是法律和政策的空白点。信访制度能够提供必不可少的决策支持和信息，从而推动政府治理、社会治理的创新发展。基于以上特性，很多重大决策和公共政策的出台都直接源于信访，国家治理对信访制度的依赖不是可有可无的，是刚性的、不可或缺的。

在社会矛盾多发的背景下，信访制度对于社会矛盾治理的特殊重要性，强化了国家治理对信访制度的"刚性依赖"。信访也是我国社会矛盾治理体系的"兜底"制度。在我国的社会矛盾治理体系中，如果社会矛盾无法通过诉讼、复议、仲裁和调解等制度渠道有效解决，还可在信访渠道"兜底"反映。正是由于信访制度的存在，避免民众出现投诉无门的情况，从而大大降低了社会不满通过"网络暴力""街头政治"表达的可能，避免社会冲突的积聚爆发。因此，信访制度对于国家治理是不可或缺的。

三、从国家治理的高度重新审视信访制度的功能定位

作为一种全新的政治理念，国家治理是指在"中国特色社会主义道路的既定方向上，在中国特色社会主义理论的语境中，在中国特色社会主义制度的完善和发展的改革意义上，中国共产党领导人民科学、民主、依法和有效地治国理政"①。国家治理理念的提出是中国政治走向成熟的标志，表明中国共产党对社会政治发展规律有了新的认识，强调"在理性政府建设和现代国家构建的基础上，通过政府、市场、社会之间的分工协作，实现公共事务有效治理、公共利益全面增进的活动与过程"②。因此，国家治理理念是思想观念的深层变化，意味着中国改革从党政推进型转向政府、社会、市场多元主体的共治，在国家治理过程中，不仅要发挥政

---

① 王浦劬：《国家治理、政府治理和社会治理的基本含义及其相互关系辨析》，载《社会学评论》2014年第3期。

② 薛澜、张帆、武沐瑶：《国家治理体系与治理能力研究：回顾与前瞻》，载《公共管理学报》2015年第3期。

府的作用，还需要发挥市场的力量和社会的力量；在改革的动力机制上，从单纯地党政推进，走向"立体"发挥党政、市场和社会的智慧和力量；在问题的治理导向上，推动政府、市场、社会形成治理的闭环，降低发展的成本，实现低成本的良性发展；在治理的机制上，不再过分强调"自上而下"的单向管理，还包括"自下而上"的社会建构，重视吸纳公民广泛参与国家治理，重塑党群关系、政民关系。

时代在发展，形势在转变，新时期的信访制度已经具有鲜明的时代特征，应从国家治理的高度重新审视信访制度的功能定位，推动信访制度的创新与完善。新的历史时期，可将信访制度的功能定位如下：

（一）信访是具有中国特色的人民权益保护制度

信访制度是我国公民实现基本权利的重要制度保障。依据国务院《信访条例》第二条的内容，我国公民通过信访所能实现的权益，即向各级政府、县级以上政府工作部门"反映情况，提出建议、意见或者投诉请求"。《信访条例》明确的这些权利具有确凿的宪法依据，源于我国《宪法》第四十一条的相关规定，其中，"反映情况，提出建议、意见"的权利源于我国宪法赋予公民的批评权和建议权，它们不受国家机关和国家工作人员的职务行为违法失职与否的限制。公民对国家机关和国家工作人员的任何职务行为都可以"反映情况、提出建议、意见"，只要不损害他人的合法权利和正当声誉，不损害国家与社会公共利益及公共道德。"投诉请求"的权利源于我国宪法赋予公民的申诉权、控告权和检举权，以及公民在受到国家机关和国家工作人员侵害的情况下获得赔偿和救济的权利，这表明公民有权通过信访渠道依法获得权利救济。可见，公民信访权是由宪法赋予公民的批评权、建议权、申诉权、控告权、检举权和救济权所衍生的政治权利。实践中，信访制度的设置和运行，也有效保障了我国公民基本权利的有效实现。

（二）信访是国家治理体系中风险预警、政策纠偏的制度设置

从国家治理体系的纵向构成看，它包括从预见稳定到预见失误的补救机制和制度安排。现代国家治理的环境日益多元复杂、快速变化，治理决策难度加大，治理过程蕴含很高的风险，因此国家治理体系有必要提供风险预警、政策纠偏的制度安排。在此背景下，信访制度显得尤为重要。透过信访这一国家治理重要的负反馈机制，能看到经济发展的社会代价，能看到公共政策制定、执行和协调过程中存在的问题，能看到政府和官员是否依法行政。新的历史条件下，信访制度作为国家治理体系的重要组成，不仅是党和政府密切联系群众的桥梁和纽带，更是分析研判社会风险的重要窗口，政策纠偏和优化治理的重要平台。通过深度挖掘信访特质数据的价值，提出有针对性的政策建议，发挥信访制度决策

咨询的智库性功能，形成信访制度负反馈、正效应的制度推力，有利于推动公共政策制定、执行的科学化，推动政府和官员的依法行政，从而真正从源头上预防化解社会风险，推进国家治理体系和治理能力现代化建设的进程。

（三）信访是我国国家治理体系中的替代性纠纷解决机制

在现代国家治理体系中，司法诉讼是解决纠纷最重要、最权威的途径。但是，源于诉讼本身存在的弊端、社会纠纷的多样性和当事人需求的差异性，诉讼不可能也不应该垄断所有的纠纷解决。因此，世界各国结合国情发展形成了非诉讼纠纷解决机制，如谈判、调解、仲裁等，用以解决特定的纠纷。在中国当前现实条件下，信访作为中国本土性的替代性纠纷解决机制，仍发挥着十分重要的作用。"信访制度严格地说并不是一种特定的纠纷解决程序，然而，从实践中的作用和效果看来，信访制度却在我国的纠纷解决系统中具有不可替代的重要地位。"① 信访制度的不可替代性集中体现为信访制度的"兜底性"，即信访制度是我国社会矛盾治理体系的"兜底"机制。信访制度的"兜底性"纠纷解决功能的发挥需遵循现代社会矛盾治理的普遍规律，注重与

---

① 范愉：《非诉讼纠纷解决机制研究》，中国人民大学出版社2000年版，第561页。

诉讼、复议、仲裁和调解等多元制度的衔接和整合。从现实情况看，尤其是针对一些特殊的历史遗留问题，如返城知青、支援三线、国企改制、征地拆迁、代课教师和失独家庭等历史遗留问题和信访疑难问题，信访制度的"兜底性"纠纷解决的功能显得尤为重要。

（四）信访是我国公民参与国家治理的重要制度安排

信访具有典型的直接民主制度属性，是对间接民主的有益补充。信访制度是我国公民在国家政治生活中直接行使民主权利、参与国家治理的重要制度设置。具体而言，首先，公民可以通过信访制度行使建议权参与国家治理，提出个人的意见和建议，参与国家政策、法律的制定过程。越来越多群众通过信访渠道表达对公共事务的关注，如，北京、上海等地的信访机构都建立专门人民建议征集部门，收集民众关于公共事务的意见和建议。仅 2018 年度，北京市人民建议征集办就收到群众建议上万件次。其次，公民还可以通过信访制度参与法律、政策的执行过程。很多信访事项反映了行政执法过程中存在的问题，信访制度产生的潜在压力，使得行政执法过程的合法性、公开性、公正性有了切实的制度保障。因此，信访是我国国家治理体系中自下而上的特殊机制，是我国公民直接参与国家治理的重要制度设置。

（五）信访是我国公民实施权力监督的法定渠道

监督性是信访制度的本质属性之一，信访制度是我国公民监督公共权力的法定渠道。通过信访，公民可以直接向政府反映情况，提出批评建议，提出申诉、检举和控告。公民通过信访渠道反映的问题涉及政府与官员是否依法行政，涉及如行政公务人员的贪污腐败、滥用职权、作风粗暴、行政不作为等问题，对公权力依法运作起到重要的监督作用。实践中，纪检监察类问题一直是群众信访问题的重要组成。2009—2017 年，北京市信访办收到的纪检监察类信访问题的数量始终位居各类信访问题的前 5 位。可见，信访制度是我国公共权力监督体系的重要组成部分，信访作为一种权力监督方式，具有监督范围广泛、监督方式灵活等特点。信访制度所具有的促进公民权力监督功能，既符合《信访工作条例》的法定要求，也是现实的公共治理的客观需求。未来还可推动信访制度与国家监察委衔接、协同，进一步强化我国公共权力监督体系的合力。

四、信访制度未来改革的方向

习近平总书记深刻地指出信访制度是中国特色社会主义民主政治制度的有益补充，必须坚持、加强、创新和完善。从目前运行现状看，信访制度的多元制度功能中，纠纷解决功能仍较为突出。就长远而言，伴随我国多元社会矛盾纠纷解决机制的建立健全，信访制度的纠纷解决功能将不断弱化，作为国家治理体系的重要组成，信访制度风险预警、决策咨询、政策纠偏、公民参与和权力监督的功能将日益凸显。展望未来，可从以下三个方面推进信访制度的改革完善：

1. 持续深入推进信访法治化建设进程

信访法治化是落实"全面推进依法治国"战略的重要举措，党的十八大、十九大和十八届三中、四中全会均提出信访法治化建设的新要求。2017 年 7 月，第八次全国信访工作会议上，习近平总书记明确要求信访工作应"注重源头预防，夯实基层基础，加强法治建设，健全化解机制，不断增强工作的前瞻性、系统性、针对性"。推进信访法治化建设，是从源头上预防社会矛盾的重要措施，对推动国家治理体系和治理能力的现代化有着重要意义。

新形势下，亟需加快推进信访法治化进程建设，明确国家治理体系下信访制度的功能定位、职责权限；整体规范党委、人大、政府、政协、监察委、法院和检察院的信访工作，明确信访与诉讼、复议、仲裁等制度的界限与衔接；破解当前信访实践出现的新情况、新问题，消除中央和地方层面在信访法律依据方面的差异，完善信访运行机制，健全信访终结机制。

2. 推进信访制度成为国家治理体系下的重要制度设计

信访作为具有中国特色的宝贵本土制度资源，契合我的国情、社情和民情，符合国家治理机制的内生性要求，具有特质数据、负正效应、隐性推力和刚性依赖的四大特性，与国家治理体系内部诸多机制存在较强的契合性、适应性。信访作为党和政府发现决策瑕疵或漏洞的自下而上的机制，也是反映国家治理能力和水平、减少社会发展代价的重要途径。同时，信访制度通过对社会矛盾的全面化解、权力的有效监督、民主的有效促进来推动国家治理在各个领域的全面落实和协调发展，对国家治理体系起到了黏合和协同的作用，以保证这些机制所构建体系的完整性和有效运作。

当前，关于信访改革的探讨更多停留在如何完善信访制度层面，出现了"取消信访论"和"强化信访论"两种对立的信访改革主张，从顶层设计角度而言，这种分歧的出现正是因为脱离了信访制度的自身现实和信访改革的客观背景，没有从国家治理体系的战略高度对信访制度进行创新性设计。信访改革不能局限于信访工作层面的提高和改进，而是要针对现行信访制度进行深入性、系统性变革，必须将其纳入国家治理体系环节中加以考虑。从制度设计而言，信访改革的目的是将信访制度纳入国家治理体系下进行考量：一方面，促进信访制度自身的完善与发展；另一方面，充分利用自身治理机制和治理优势，推进国家治理体系的构建和完善，这也是信访改革的重要意义所在。

3. 推进信访机构成为党和政府的重要特色智库

2015 年，中共中央办公厅、国务院办公厅印发了《关于加强中国特色新型智库建设的意见》，明确指出中国特色新型智库是国家治理体系和治理能力现代化的重要内容。党的十九大报告再次强调"加强中国特色新型智库建设"。信访机构的特色资源为智库建设提供内生优势。信访机构掌握大量的信访和社会矛盾问题研究素材，这些都为党和政府的科学决策提供了最翔实的一手材料，以此为基础，信访机构可以形成具有战略性、思想性、对策性特征的特色智库成果。近年来，信访理论研究取得长足进步，特别是众多专家学者对于信访制度及其改革问题投入了极大热情，为信访机构的特色智库建设奠定理论基础。同时，伴随信访机构信息化建设步伐的加快，网上信访工作体系日益健全，信访信息的获取将更加公开、透明、便捷、高效，这为信访机构的智库建设提供有力的技术支持。此外，信访机构在智库建设方面也有了先期探索，2009 年，北京市信访办率先成立全国第一家信访领域专业性智库——北京市信访矛盾分析研究中心，中心的众多智库成果得到国家领导人的高度认可，为相关部门决策提供了重要依据，成为信访机构推进特色智库建设的重要实践。

"大数据"时代对政策量化分析的日益重视，为信访机构的特色智库建设提供了契机。"大数据"不仅是一场技术革命，一场经济变革，也是一场国家治理的变革。伴随"大数据"时代的到来，信访特质大数据库的价值凸显。信访机构通过对这些数据的量化分析，并根据党和政府决策需要开展重大课题研究，用量化的指标数据反映社会发展中的突出问题，为信访工作的改善及党政决策提供基础数据，充分保证了政党执政和政府施政更具有科学性、掌控性和前瞻性，从而助推信访机构在将来真正转型为具有中国特色的资政辅政智囊机构。

就未来而言，推进信访机构成为国家重要的特色智库，重视发挥信访制度决策咨询的智库性功能，既可以成为新时期信访制度改革完善的重要探索方向，还可以成为中国特色新型智库建设的重要突破口，推动社会矛盾的有效预防化解，推动政府治理的创新发展，推进国家治理体系和治理能力现代化建设进程的深入。

（作者：张宗林，时任北京市信访办党组成员、副主任，北京市信访矛盾分析研究中心创办人，从事信访与社会矛盾、公共政策领域研究；王凯，时任北京市信访矛盾分析研究中心副主任、副研究员，从事信访与社会风险治理领域研究。原文载于《行政论坛》2019年第4期，文章有调整修改。）

国家治理体系下的中国信访法治化

翟校义　郭一斐

中国特色社会主义信访制度是国家治理和社会治理体系现代化不可或缺的重要一环，在法治成为治国理政基本方略的大背景下，推进中国信访法治化不仅非常必要，而且刻不容缓。

一、国家治理与信访法治化的关系

当前中国社会正在经历四个本质变化，一是从传统社会向现代社会转变，二是从农业社会向工业社会和后工业社会转变，三是从社会主义计划经济向社会主义市场经济转变，四是社会关系由"单位人"向"社会人"转变。在巨大的社会变革中，社会结构、社会组织形式、社会价值理念等方面发生了深刻变化，大量社会矛盾不断涌现，社会矛盾治理成为促进经济社会发展的重要工作。通过信访窗口我们发现，当前的信访问题与经济社会发展存在四个维度的关联，一是越来越多的信访问题与经济发展的速度和模式相关，二是越来越多的信访问题与公共政策的制定与执行相关，三是越来越多的信访问题与环境保护问题相关，四是越来越多的信访问题与社会保障体制相关。① 总而言之，从信访窗口我们看到，传统的政府统管一切、权力高度集中的管理方式，不能适应现代社会的发展要求，经济社会制度变迁催生出新的社会管理模式变革需求，即从国家管理走向国家治理。

（一）信访法治化是国家治理体系和治理能力现代化的重要组成部分

治理理论兴起于 20 世纪 80 年代，被广泛应用于政治、经济、社会等诸多领域。国家治理，是指主权国家的执政者及其国家机关（包括立法、行政和司法等机关）为了实现社会发展目标，通过一定的体制设置和制度安排，协同经济组织、政治组织、社会团体和公民一起，共同管理社会公共事务、推动经济和社会其他领域发展的过程。② 可见，国家治理是多个管理主体共同管理社会公共事务、处理社会冲突、协调不同利益的一

① 张宗林等：《信访工作的新思维与新理念》，载《中国行政管理》2013 年第 6 期。

② 郭小聪：《财政改革：国家治理转型的重点》，载《人民论坛》2010 年第 2 期。

系列制度、体制、规则、程序和方式的总和。国家治理体系是规范社会权力运行和维护公共秩序的一系列制度和程序，它包括规范行政行为、市场行为和社会行为的一系列制度和程序，政府治理、市场治理和社会治理是现代国家治理体系中三个最重要的次级体系。① 国家治理体系和治理能力的现代化，就是使国家治理体系制度化、科学化、规范化、程序化，使国家治理者善于运用法治思维和法律制度治理国家，从而把中国特色社会主义各方面的制度优势转化为治理国家的效能。因此，现代化的国家治理体系是以法治为基础建构，更加关注对公共权力的合理配置和依法制约，要求将治理纳入法治轨道，并按照法定权限和法定程序进行治理。

习近平总书记指出，推进国家治理体系和治理能力现代化，不是推进一个领域改革，也不是推进几个领域改革，而是推进所有领域改革，就是从国家治理体系和治理能力的总体角度考虑的。其中，信访制度作为我国珍贵的政治资源和党和政府密切联系群众的重要制度设计，是中国特色社会主义民主政治的重要构件，是在现代国家治理体系中不可替代的重要组成部分。首先，信访问题是国家社会矛盾治理问题的集中体现，通过信访窗口反映出来的矛盾和问题，实际上所反映的是国家治

---

① 俞可平：《民主法治：国家治理的现代化之路》，载《团结》2014 年第 1 期。

理过程中所出现的社会问题，信访制度在协调利益冲突、化解利益矛盾、改善公共治理、维护社会稳定等方面承担着艰巨的责任，对于社会平稳运行的监测、诊断和参谋具有重要意义；其次，信访制度是国家现代治理体系中公共政策的信息反馈和矫正机制，通过信访渠道既能监测社会隐性不满情绪，还能分析信访矛盾与公共政策之间的关系，社会矛盾发展变化趋势；此外，信访是反映社情民意的"晴雨表"，信访制度以实现人民民主和人民利益为根本出发点和最终归宿，是我国服务型政府、责任政府、民主政府和法治政府建设的标志和生动体现，在国家现代治理体系中，信访制度对于协调国家、企业和社会关系以及公民参与社会治理发挥着重要作用。

（二）信访法治化是国家治理体系和能力现代化的必然要求

1. 信访制度的功能有赖于信访法治化方式予以实现

信访制度是中国特色社会主义制度体系的重要组成部分，是符合中国国情、体现民主与法治精神的一项重要的制度设计。它既有政治属性，又有法律属性；既是我国民主制度的优化发展，也是我国司法制度的有益补充。在国家治理体系框架内，这些制度功能优势的有效发挥、治理能力的有效提升，只有依靠法治化的方式，才能得以实现。

一方面，信访制度的政治属性要求其民主政治功能必须通过信访法治化方式得以保障。在我国宪法中，规定了多层次、多形式的民主制度。信访作为一种微观利益表达制度，是治理运行意义上的一种动态的、综合的、建构主义的民主，这种"动态的民主"恰恰能对现有的人民代表大会制度和政治协商制度等制度作出有益的优化和补充。因此，信访法治化能在法治平台上，更好地发挥信访制度的功能优势，促进多层次多形式的民主制度更为规范化、统一化、协同化，从而丰富和完善基层群众的利益表达渠道，进而成为体制外利益表达向体制内输送的有效路径，更好实现社会利益的表达与整合。

另一方面，信访的法律属性要求其补充司法的功能必须通过信访法治化方式予以实现。信访是承载"人民之信"的法定制度，是国家法律体系的"关系协调"制度。我国的信访制度，集中承载着人民对国家的信任和依靠情结。从制度功能上来看，司法和信访之间存在着互补和接续关系，而不是非此即彼或者替代关系。信访作为司法纠纷解决机制的补充手段及辅助机制，可以通过非司法途径解决矛盾和纠纷，实现人民利益和意志要求的统一性。因此，信访非诉讼纠纷解决机制重要功能的有效彰显，需要立足于国家和政府对社会的有效治理，充分考虑国家治理过程中社会的现实需求和公民权益保护的实际需要，通过推进信访法治化方式予以实现。

2. 现存的信访困境需要推进信访法治化予以化解

习近平总书记指出，信访工作是党的群众工作的一个重要平台，是送上门来的群众工作，信访制度是中国特色社会主义民主制度的有益补充，要坚持、加强、创新、完善。目前信访制度面临着各种现实挑战。一是，信访制度本身仍有待完善，包括信访体制缺乏系统整体性，功能错位、责重权轻；信访程序欠规范，终结机制难终结；基层信访机构不健全，人员配备相对不足，专业化程度相对不高。二是，少数信访人持"不闹不解决、小闹小解决、大闹大解决"心理，导致无理信访、无序信访现象时有发生；与此相对应，一些地方政府则持"花钱买太平"、"摆平就是水平"的心态处理信访问题，不利于社会矛盾的有效化解。

现实中日益增多的信访问题表明必须要推进信访制度改革才能满足党和国家以及人民群众多方面、多层次的要求。反观现有的信访制度，缺少一部基本法律层面的统一信访法，是导致信访制度困境的重要原因之一。因此信访制度改革的核心是推进和加强信访法治化。只有不断推进信访法治化，在信访法治化进程中提升信访制度的完备性和科学性，才能保证信访机制的良好运转。信访法治化要求在国家治理体系中，努力推进依法行政，真正做到从源头预防各类社会矛盾的发生。推进信访法治化进程，对于解决目前信访所面临的实践困境和理论困境都大有裨益。

（三）信访法治化将有力推动国家治理体系和能力现代化

当前的信访工作应遵循两个基本原则：一方面信访部门要依法行使权力，另一方面要依法保障上访者的基本权利。这两个原则的落实必须而且也只能依赖于加快推进信访工作法治化的建设进程，提升信访工作的法治化程度，将公民的信访行为和政府的信访工作真正纳入法治化轨道。信访工作的法治化，也必将深入推动中国政府的新时期依法治国工作的整体进程。信访可以从负方向反映国家治理过程中出现的问题，因此，信访具有帮助政府消除问题的能力。通过信访，我们可以洞察社会矛盾发展变化的趋势，监测社会隐性不满情绪，分析信访矛盾与公共政策之间的关系。同时，信访是在司法体系之外的一种社会矛盾调处机制，这一机制的能力发挥直接关系到国家治理能力在微观上的发挥。执政者不仅可以从信访来检视社会管理的得与失，还可以通过信访这一非诉讼的社会矛盾解决机制来化解社会矛盾。

1. 信访法治化是巩固执政理念推动群众路线法治化的途径

信访制度是中国共产党第一代领导人精心培育的一种制度安排，是具有中国本土特色的独特制度，具有适应性、生命力和内生优势。

一方面，信访法治化是巩固党的执政理念的长效机制。信访法治化就是在法治的框架内处理信访问题，将信访法治化确定为加强和改进信访工作的基本方向，对于巩固党的执政理念和建设学习型、服务型、创新型政党，对于建设社会主义法治国家、构建社会主义和谐社会都具有重要的现实意义。要通过立法保障人民群众的知情权、参与权、表达权、监督权，为人民群众的切身利益提供法律上的保护和舆论上的支持，以此来巩固和落实党的执政理念。为此，信访法治化应当成为落实党的执政理念的基本考量和重要关切，成为巩固党的执政理念的长效机制。

另一方面，信访法治化是推动群众路线法治化的现实途径。群众路线是党的根本工作路线，也是党的根本的领导作风和工作方法。信访工作不仅是群众工作的重要内容，而且也是群众路线的一项重要制度载体，信访法治化建设是我国群众路线法治化的一个重要内容。信访工作直接面对群众、联系群众，既是群众向政府表达利益的窗口，也是反馈群众对党和政府评价的窗口。信访法治化作为实施依法治国方略的重要内容，也是推动群众路线法治化的现实途径。信访法治化不仅有助于推动和完善群众路线法治化，而且有助于强化各级党委及党员对政治的敏感度，巩固执政资源，提升执政能力。

2. 信访法治化是政府依法行政的重要推动力

习近平总书记指出："党领导人民制定宪法和法

律，党领导人民执行宪法和法律，党自身必须在宪法和法律范围内活动，真正做到党领导立法、保证执法、带头守法。"以上论述明确了我国建设社会主义法治国家的目标任务，指明了合法有效行使行政权力的重要性。信访是一项多方主体参与互动的过程，既涉及相互有着利益和矛盾的公民主体，也涉及各级政府及政府官员，这就要求信访制度的存在与运行本身同样应当严格保持在法治框架内，切实纳入法治化轨道，做到有法可依、有法必依、执法必严、违法必究。

从信访制度运行的基本依据来看，民主和公正既是治理的核心理念，也是信访制度的核心价值，信访是公民行使民主权利、维护自身合法权益的重要渠道，也是实现善治的重要途径。① 从信访与政府执法的关系上来看，我国政府的执政目标以实现人民的根本利益要求、达成人民满意为宗旨。从信访实践所反映的问题来看，政府的合法性、合理性、效率性都需要人民来评判，因此政府必须听取来自人民的评价，及时纠正工作中出现的各种偏差，若无政府的依法行政，依法治国就只能是一句空话。总之，通过信访法治化，政府能够建构一种有效的预防和疏导机制，纠正失误，弥补不足，加强协商治理，提高行政效率，实现依法行政。

---

① 王雅琴：《治理语境下的信访制度》，载《中共中央党校学报》2009 年第 1 期。

3. 信访法治化是完善非诉讼纠纷解决机制的重要方式

化解社会矛盾纠纷、协调社会发展与社会矛盾之间的关系，是每一个现代国家必须面对的课题。为适应现代社会经济发展，必须建立健全我国以公法冲突解决制度为主体的多元社会矛盾纠纷解决制度与机制体系，其关键在于：区分社会矛盾纠纷的种类及相应的政治解决、社会解决与法律解决不同的路径，分别建立适合国情但有机相连的解决纠纷的政治制度、社会制度与法律制度。① 其中，信访制度是我国重要的非诉讼纠纷解决机制，表现出以下特点：（1）信访制度是一项有效的利益表达机制。信访制度的根本宗旨在于让人民群众反映民情，表达民意，诉说民愿。（2）信访制度效率高回应性强。公民的利益受到损害时，可以选择信访渠道进行权利救济，相比行政复议和行政诉讼，信访的成本低廉且能高效地得到回馈。这些不同的纠纷解决制度，能最大限度地回应社会主体对纠纷解决路径的不同需求和价值取向。（3）信访制度充分发挥非诉讼纠纷解决制度的功能。由于利益与冲突的多元化，使社会主体对纠纷解决的方式、程序及结果的诉求越来越多地呈现出个性化的特点，在分流解决社会矛盾纠纷机制中，信访

① 朱维究：《我国社会矛盾纠纷解决制度与机制研究》，载《信访与社会矛盾问题研究》2011 年第 1 期。

制度的优势愈发彰显。

因此，信访法治化是完善非诉讼解决机制的重要方式。信访法治化是对当前信访制度自身进行的制度更新，形成科学有效的治理体系。信访法治化并非是对现有信访制度进行简单的制度固定和立法表述，而是对信访制度的改革与更新。这不仅要求对信访功能予以深刻认识和准确定位，更要求将信访制度与诉讼、调解、仲裁、行政监督等纠纷解决机制和权利救济制度进行合理对接，使其能在法治框架下切实有效地作用于政策制定、执行、监督与评估过程。

4. 信访法治化是国家治理中信息搜索和信息反馈的有效工具

在现代国家治理过程中，掌握真实而充分的信息对国家决策至关重要。信访在解决政府信息来源的有限性问题上，提供了重要的补充机制。通过信访的方式以及信访数据、资料的统计分析，可以观察到整个经济社会在运行过程中产生的各种矛盾和社会问题。

信访法治化构建了政府与公民制度性负反馈沟通渠道。所谓负反馈是指系统的输出会影响系统的输入，在输出变动时，所造成的影响恰和原来变动的趋势相反。负反馈可用来控制系统，使系统的实际输出达到理想值，因此负反馈机制是社会发展不可或缺的稳定器，负反馈沟通渠道对维护社会稳定、巩固执政资源更为重要。在现代社会中，需要有一种制度或渠道来表达个人意志，维护少数人权益，这种负反馈机制能及时纠正政策偏差，促成社会稳定。信访制度的功能在于为社会发展和社会稳定提供了负反馈渠道，信访法治化是规范与强化社会运行的负反馈机制的有效途径。在法治框架下，一方面，来源于社会监督、社会批评的公众意见能够通过这一制度化途径合理、规范地表达出来，并整合为完整的政策建议；另一方面，由信访而引起的负反馈信息能够制度化地进入到反馈回路当中，真实有效地影响到系统再输出。因此，信访法治化对维护社会稳定、巩固执政资源具有重要意义。

二、信访法治化的发展与基本原则

信访法治化需要从宪法入手，以执政者和建设者的思维推动政策系统优化。信访的法治化就是要使信访既有的机制法治化，其核心是使信访系统在法律框架内，成为一个公开和有效参与的利益表达机制，并通过实际作用的发挥增强人们的信赖，从而理性对待信访事项。信访法治化需要在制度上促使信访活动从单纯化解矛盾转型为预防与化解矛盾并重。从近期看，化解社会矛盾非常重要，尤其是在社会矛盾比较突出、陷入政策困境时，信访工作往往更关注直接结果。但从长期看，预防矛盾更为重要，信访法制设计不仅要信访解决社会矛盾的短期效果，也应关注信访处理结果对社会的潜在影响和长期影响，应当从当前单纯关注社会矛盾化解转型为预防社会矛盾与化解社会矛盾并重。

（一）信访制度的发展与法治现代化进程相随相伴

自新中国成立以来就产生和逐步发展起来的人民信访，其法制化进程是一个逐步深入的过程。1995 年之前的信访运作是以中央和地方党政机关制定的既有相同又有差异的各种规定、办法、意见等规范为制度支撑的，显示出明显的松散性和差异性，这与当时特定的治理模式有关。20 世纪 90 年代后，在健全社会主义法制的背景下，各项工作被要求进行法制化的转型和重塑，依法信访才成为各界共识。1995 年国务院发布了新中国成立以来第一部严格意义上的信访行政法规《信访条例》，它的出现意味着信访从随意走向规范，从根本上改变了信访无法可依的被动局面。但是从这部法规实施的情况来看，它对信访行为的约束力仍是有限的。

进入 21 世纪以来，中国改革进入深水区。在利益格局重整的过程中，非规范竞争使得社会各阶层的贫富差距日益加大，围绕利益和资源的争夺空前激烈，弱势群体矛盾积累日深。在经济飞速发展的同时，经济发展的社会代价、环境代价、人文代价日益凸显，信访反映出的社会矛盾与社会问题也愈加复杂、严峻。从 1992 年开始，全国信访总量连续 12 年攀升。面对复杂严峻的形势，修改《信访条例》以回应实践治理的根本性需要这一问题被提上日程。在 2004 年的信访立法工作中，专家及实务界对信访机构应当"加权"还是"限权"产生了不同的看法。国家信访局和国务院法制办对草案进行了大幅度调整，2005 年制定的《信访条例》，总体来看是继承性的修改，在信访处理程序、信访机构的监督权、信访人权利保障等方面有所突破，实现了在原有的基础上进一步完善。2005 年以来，信访总量持续攀升的态势得到遏制，全国信访总量开始呈现下降的趋势。2007 年，中共中央、国务院下发了《关于进一步加强新时期信访工作的意见》。该意见是新中国成立以来第一次以党中央、国务院的名义对信访工作进行全面安排部署的纲领性文件，是信访工作发展史上具有里程碑意义的重要政策文献。意见对信访制度的定位、机制、体制的一系列要求和部署体现了"积极推动信访工作制度化、规范化和法制化"的法治理念，丰富了新时期信访制度的法律政策基础，为信访立法的具体构建和完善指明了方向。2008 年监察部、人力资源和社会保障部、国家信访局联合出台《关于违反信访工作纪律处分的暂行规定》，对《信访条例》的"责任追究"做了补充。2022 年，中共中央、国务院发布《信访工作条例》，以党对信访工作的全面领导统揽信访工作全局，为新时代信访法治化建设提供了制度基础，开启信访法治化建设新的篇章。

（二）信访法治化有助于形成制度优势

在全球化进程中，制度引领是提升一个国家影响力的必要举措。全球化不仅存在着商品在全球范围内的流动，更有文化的竞争和冲突，制度作为文化的核心，同样存在全球范围内进行制度比较和制度选择的过程，制度引领、制度输出已经成为全球竞争的制高点。制度创新、制度引领不仅是当事国树立制度自信、彰显国家影响力的自我需要，也是主导全球化浪潮的重要举措。

世界各国都存在化解社会矛盾的难题，尤其对"政治上的沉默者"和"少数人"的保护是代议制民主最薄弱的环节，中国的信访制度则可以有效弥补这个缺陷。现代国家主要通过代议制民主的方式来汇聚民众诉求，解决社会问题，化解社会矛盾。这一制度遵循多数原则，在制度设计上存在天然的缺陷，即无法保护"政治上的沉默者"和"少数人"的权益。代议制民主是一种间接的民主形式，被选者在议会中的行为未必真正反映选民意愿，人们缺乏一种更为有效的、实质性的利益表达机制，这也是西方国家街头政治较为活跃的原因之一。当多数决定的选举已经成为常态时，保护"少数人"的正当权益正在成为衡量制度品质的另一个常见标准。尽管西方国家在当代发展出"保护少数人"的概念，但一直缺乏公认的、可信赖的制度安排。我国信访制度在制度设计上将政府与群众、组织与个体直接联系起来，既保证了民众诉求能够直接、迅速地传递到政府部门，又重视少数和单个社会成员的利益表达权利，构建了畅通的利益表达渠道，这是西方代议制民主所不具备的制度优势。

信访法治化使得中国的信访制度能够为全球的法治话语体系所接纳、借鉴、模仿和学习。在全球化进程中，国与国之间相互的制度学习和制度借鉴愈发频繁。我国信访制度在化解社会矛盾方面具有内在优势和重要作用，我们应当积极、自信地推广这一制度。从目前情况看，法治是绝大多数国家公认的发展方向，法治框架搭建起了全球共享的制度学习平台。因此，通过信访法治化的途径将信访制度融入全球法治话语体系当中，有利于其他国家接纳、借鉴、模仿和学习，这将是我国对世界制度体系的贡献。

（三）信访法治化需要确定的一些基本原则

第一，坚持树立法治思维原则，信访法治化首先强调约束行为，其次才是规范程序。预防化解社会矛盾的治本之策是规范公权力①，当前我国社会矛盾纠纷不断增加的主要原因是公权力行使不规范，表现为社会政策和法律制度滞后、政府违法决策处置突发事件不当、行政执法不规范、法律实施不良、行政不作为、信息不公开等。预防化解社会矛盾纠纷的根本出路在于规范公权力行使，包括明确权力边界，规范立法权力，健全程序规则，规范决策和执法行为。法治思维强调权利保障与权力控制，实现公民社会与政治国家的均衡互动。国家

---

① 马怀德：《预防化解社会矛盾的治本之策：规范公权力》，载《中国法学》2012 年第 2 期。

公权与公民私权的均衡，是法治运行的基石，也是社会稳定的根本。在开放的社会，社会矛盾和冲突难以避免，只要法治保持均衡的底线，各方保持法律的共识，社会风险就会降到最低。因此，信访法治化首先强调约束行为，约束行为首先是约束政府的行为，通过约束国家机关、国家公务人员的行为，进一步提高党和政府依法行政、规范行政的水平，从而进一步提高依法执政的水平；其次才是约束老百姓的行为，通过约束信访人的行为和规范信访事项受理、办理的相关工作程序，促进信访秩序的改善和好转。这就是信访的法治思维和法治理念。

第二，政府是信访矛盾的当事人，信访法治化应坚持保障人民利益、促进社会公平的原则。上文提到，许多信访问题都同政府、政策、官员行为有着千丝万缕的联系。在实际工作中，因为一些地方的政府、政策、官员存在这样或那样的问题，或经济发展中出现"与民争利"的现象，或出台政策不科学、或工作中未依法行政，等等，导致信访问题的出现。从这个意义上来说，信访部门是代表党和政府接受人民群众监督的部门，党和政府部门在很多信访矛盾中，并非只是"裁判员"，而是"运动员"，是信访矛盾的当事人一方。只要政府科学决策、依法行政水平得以提高，大量的社会矛盾就会减少。因此，信访法治化需要通过法律形式明确和保障信访部门对政府科学决策、依法行政的督促权力，在建立法治政府、有限政府、服务型政府、透明政府、诚信政府、责任政府等方面发挥信访部门的有益作用。比如，通过信访法治化督促政府在制定公共政策中不能草率随意、不能唯首长意志、不能朝令夕改，而是必须要有明确的基本准则，不能使出台的公共政策成为社会矛盾和社会问题的导火索，不能让政府决策失误的过错和代价转嫁到老百姓身上，而且，公共政策的制定不能只让绝大多数人满意，同时要关注少数人的利益，在政策法规战略性、系统性、可持续性、配套性和互补性等方面继续完善，最大限度地维护社会公平正义。

第三，信访法治化应遵循治理理论原则，推动信访工作公开、透明、参与。管理和治理体现出对政府与社会之间关系的不同认识。传统的管理理念将管理活动看成是管理者对被管理者的约束或控制。这样的管理方式造成的结果是管理的一方掌握全面的权力，被管理的一方处于被动的、服从的地位。而在社会治理的局面下，政府与社会的关系，既有政府作为公共事务的管理者，从事管理、服务、控制等多方面的工作，也有社会对于政府的监督、督促、批评等众多的活动；既有从上到下的指挥，也有从下到上的反馈、参与和良性互动。推进信访法治化的一项重要内容即是实现信访处理过程的公开，公开是信访事项得到公正处理的基本保证，维护法的适用一致性的保证。同时，公开透明地处理信访事项可以增强人们对信访处理的公正性预期，也能通过这种处理发挥法的教育预防功能，使信访人能够理性而合法地对待自己的诉求。信访处理让信访人及相关利益方公开参与，使社会认识到一部分人的利益所得，在政策上往往伴随着其他人的利益损失，政策需要在利益得失者之间找到平衡。在公开、透明、参与的状态下，信访法治化并不排除对信访事项的个案解决，但要求其在法治框架下严格遵循公开、透明、参与的规定，以便获得社会认可。

第四，信访法治化应立足对当前信访制度进行更新，通过制度变迁有效减少社会成本从而促进经济发展，即通过制度变革带来效率、创新和生产率的极大提升，扩大制度红利。制度的演化具有路径依赖性，一个共同体共享的基本价值系统及其元规则是相对稳定的，这就使内在制度的变迁总是在一定的价值体系中进行的，即按照符合价值体系的路径进行的。而由于外在制度是建立在内在制度之上的，所以外在制度同样具有路径依赖性。如果说内在制度是由于人们的认知在稳定的价值体系及其元规则中不容易改变而形成路径依赖的话，那么外在制度却容易受到既得利益集团抵制新制度而产生路径依赖，但是路径依赖并不是不能打破的，当一种新的制度的预期收益大于预期成本时，这将形成"初级行动体"，在"初级行动体"的不断推动下，最终演化出新的制度。对于信访法治化而言，实际上是对传承发展中的信访制度的一种自我更新。这种更新不仅通过恢复信访制度的原初功能解决其所面临的现实困境，而且这种公开、参与和可信赖的公共决策优化机制，有利于利用现有资源，激活制度功能，扩大制度红利。通过信访制度的自我更新，使该制度焕发活力，适应社会主义市场经济环境。更为重要的是，通过该制度的规范运作，促进公权力行使的法治化，从而构成一种有效的治理格局。

（作者：翟校义，中国政法大学政治与公共管理学院教授；郭一斐，北京市信访矛盾分析研究中心研究人员。原文载于《信访与社会矛盾问题研究》2015年第3期，文章有调整修改。）

信访法治化的可行路径设计

翟校义

　　制度是一个社会的基本运行规则，也是社会个体或组织在其中相互交易的平台。由于日常生活中的人们面临各种不确定性，带来相互交易的困难，因此，需要一些制度来形成稳定的结构，以弱化环境的不确定性，降低交易成本。信访是党和政府联系群众的"纽带"和"桥梁"，当前的信访工作模式主要适用于计划经济时期和应对改革开放之后"拨乱反正"带来的信访潮，随着中国经济从计划经济转轨到市场经济，社会生活和人们的思想都快速变化，政府与社会的关系在发生微妙的变化，政府的角色正在从全能型政府转变为有限政府，中国政府快速向法治政府、依法行政转变，信访作为代表政府处理群众诉求的窗口，也需要进行法治化。

法治化的过程不仅是制度设计的过程，同时也是需要保持和提高效能，降低政府和社会信访成本的过程。因此，信访法治化需要进行路径规划设计。

一、信访法治化的整体思路：信访成为推动政府依法行政的重要制度设计

依法行政不仅是一种理念，更需要一种机制进行保障，信访是这种机制的最优选择。依法行政需要建立一种对行政权力的制约机制，使行政活动在细节上受到控制，避免行政权力脱离宪法的轨道。由于行政权力的运行是一连串细节化的运行，因此对行政权力的制约不仅需要宏观上的约束，更需要在微观上、细节上控制行政权力运行，通过在微观上的控制形成宏观上的约束。要解决这个问题，最有效的制约力量是来自利益受损者的制约，只要设计一种机制，让利益受损者能够启动对行政权力在细节上的审查，依法行政即可实现。从目前看，对行政权力产生的具体行政行为的审查可以通过行政诉讼进行，但对行政权力产生的政策文件的审查尚缺乏由行政对象能够启动的机制，若将信访转化为这种机制，将是一个可行的选择，这既符合信访制度的原初功能，也符合民众对信访的基本判断。

由此，信访法治化的整体设计思路如下：

第一，从宪法入手，以执政者和建设者的思维推动政策系统优化。一个国家的制度在宪法层面应当具有一

85

致性，这种一致性要求在后来的制度设计中必须从宪法的角度、国家整体的视野、长远的眼光看待各项工作，避免为短期效用危害长期利益，避免为局部工作打乱全局安排。在宪法层面，强调基本制度的传承，从维护宪法确定的根本制度出发，建设性地、低成本地优化政策体系，避免为创新而创新盲目否定制度的历史传承，避免为强调"出彩"而不计制度成本盲目制定政策。

第二，信访法治化应从维护人民代表大会制度出发，进行分工优化，弥补当前政策决定机制的内在不足。人民代表大会制度是我国的根本政治制度，人民通过这一制度安排进行有效的政治参与、利益表达及国家治理，它在功能上体现在民意的表达、采集与整合，并在人民代表大会下进行"一府两院"的工作分工，实现法与政策的制定和执行。信访是政府联系群众、反映民意、解决矛盾的渠道和维护人民群众合法权益的重要手段，也是社会对政策的不满意见的反馈机制。人民代表大会及"一府两院"倾向于宏观领域的利益表达和利益综合，更多的是从多数人的利益出发制定和执行政策，尽管在政策制定时会广泛地征求意见，但在政策实施之前能够准确判断政策的实际影响的人并不多。信访则更关注微观领域的利益表达，尤其是关注政策执行过程中，对"少数人"的正当权益保护。尤其是近阶段，社会多方面的利益需求、利益矛盾与利益冲突往往不能及时、有效、准确地反映在体制之内，在很大程度上影响政策制定的合理性，在某种程度上造成社会矛盾在体制外的不断积聚。信访不仅是微观的利益表达渠道，作为"减压阀"缓解社会矛盾压力，同时也已经成为体制外利益表达向体制内输送的有效路径。若合理设置，信访系统可以弥补当前政策决定机制的不足，在整个政策系统中发挥更大的作用。

第三，信访法治化要在制度上促使信访活动从单纯的化解矛盾转型为预防与化解矛盾并重。信访工作干什么？从长期和短期看，有所不同。从短期看，化解矛盾非常重要，尤其是在社会矛盾比较突出、政策陷入困境的时候，信访工作肯定要强调直接的结果。但从长期看，预防矛盾更重要。从长期战略上看，信访法制设计不仅要信访解决社会矛盾的短期效果，也应关注信访处理结果对社会的潜在影响和长期影响，应当从当前单纯关注社会矛盾化解转型为预防社会矛盾与化解社会矛盾并重。也只有这样才能使解决矛盾的速度高于产生矛盾的速度，把目前在高位运行的信访逐渐转变为低位动态平衡的信访。

二、信访法治化需要确定的一些基本规则

（一）在工作模式上，信访法治化应推动信访工作从"一事一议"的个案解决模式转型为"一事众议""多事共议"的公共决策解决模式，促使政策系统自发回归到群众路线上

如果信访法治化仍以传统"一事一议"的个案解

决模式为中心进行设计，不仅会对常规的社会纠纷解决途径，如诉讼、人民调解、行政复议等，造成冲击甚至架空或使其闲置，而且还会造成要么使信访承载量更大（人们只信任这种救济途径），或者使这种"法治化"的信访闲置（人们认为这种"法治化"的信访不能解决实际问题），并使纠纷大量涌向其他类似信访"变种"的解决途径。无论出现哪种情况，都会使这种以"一事一议"个案解决模式为中心的"法治化"走样或失败。在市场经济条件下，多元利益主体已经形成，错综复杂的利益关系使"一事一议"个案解决模式难以兼顾各利益主体，往往是"按下葫芦浮起瓢"，造成矛盾越解决越多。因此，信访法治化必须从以个案解决模式为中心向前推进一步，即推进到"一事众议""多事共议"的公共决策模式，并以此模式为中心来实现信访的法治化。信访应成为一种形成公共决策建议的平台。这种平台能够充分听取多方面的意见，特别是敢于在公开场合表达的"少数人"的意见，通过意见的交锋和公正博弈，最终形成一种兼顾多元利益的解决方案，从而使公共政策系统自发回归到群众路线上，既恢复信访的原初功能，又能适应社会主义市场经济环境下的信访工作实践。

（二）信访法治化应推动从信访处理的内部隐蔽操作转向公开、透明、参与，注重信访处理过程本身的教育、预防功能

推进信访法治化的一项重要内容即是实现信访处理

过程的公开，公开是信访事项得到公正处理的基本保证，也是防止暗箱操作，维护法的适用一致性的保证。同时，公开透明地处理信访事项可以增强人们对信访处理的公正性预期，也能通过这种处理发挥法的教育预防功能，使信访人能够理性而合法地对待自己的诉求。信访处理让信访人及相关利益方公开参与，使社会认识到一部分人的利益所得，在政策上往往伴随着其他人的利益损失，政策需要在利益得失者之间找到平衡。公众参与，可以让民众了解政府在资源有限的情况下进行决策的优先顺序，以及利益平衡的状态，缓解政民紧张关系，让地方政府尤其是基层政府获得公众信任。这种过程公开可以教育民众正确认识什么是正当的利益诉求，公开和参与也将使信访参与者正确认识什么样的利益诉求会被社会否定，进而教育和预防不当利益诉求信访的发生。在公开、透明、参与的状态下，信访法治化并不排除对信访事项的个案解决，但要求其在法治框架下严格遵循公开、透明、参与的规定，以便获得社会认可。事实上，科技进步、网络和信息化的发展也在不断要求政府提高信息透明度，不断要求信息公开化，在这种科技进步面前，顺应时势也是一个明智的选择。

（三）充分利用信访的既有系统，减少对既定体系的冲击，减少改革阻力

信访的既有系统在来信办理、来访接待、信访事项办理、督查督办、工作责任制、责任追究制度、信访听

证、律师参与等方面有不少经验，整个系统有不少工作人员，可以在法治的基础上进行工作转型，而不需另起炉灶，这样改革的成本较低。同样，在现行信访制度下，公民也可以通过向人大代表提建议、向各部门所开设的领导信箱反映问题等方式对公共政策的优化施加影响，但这种单向度的并缺乏直接反馈的利益表达难以发挥作用，即使产生影响也会很漫长，甚至带有偶然性。在信访法治化过程中，可以设计一个公开的会议平台，通过将政府相关部门负责人、信访当事人以及其他利害相关人召集在一起开会，为多元利益表达和平衡提供一个公开平台。这一平台可以响应少数人的诉求予以启动，并将分散和单向度的利益表达聚合起来，为公共政策的优化提供实质性的、建设性的意见和建议。为避免把这一会议平台仅仅视为个案解决模式的补充，甚至成为各机关集体商讨对付信访民众的协调会，需要为信访会议平台的举行确定规则，对其法律地位、组成、适用范围及具体的运行程序等关键环节进行规制。从某种意义上说，信访的法治化就是要在法的层面上设计一个使信访引发的相关利益方进行利益公开衡平的会议平台，并使其成为一个公开的、有效参与的利益表达和利益综合机制，通过使其实际作用的发挥增强人们的信赖，进而使政府各机关以及信访人都来维护这个机制，从而理性对待信访事项。

（四）信访法治化应立足对当前信访制度进行更新，扩大制度红利

信访法治化不仅要避免将法治化简单地理解为对现有制度进行"小修小补"式的完善，而且要从"一事一议"模式转型到公共决策模式，实现对信访制度自身进行更新。这种更新不仅通过恢复信访制度的原初功能解决其所面临的现实困境，而且还通过确定的规则创立了一种公开的、可参与的、可信赖的公共决策优化机制，既利用了现有资源，激活了原初功能，又确定了该制度的未来走向。通过信访制度的自我更新，使该制度焕发活力，适应社会主义市场经济环境。更为重要的是，通过该制度的规范运作，促进了公权力行使的法治化，特别是促进了依法行政的落实。反过来，伴随着依法行政的落实，必然减少信访事项的发生，反而有利于信访制度的从容运作，更好地发挥其功能，从而走向良性循环。信访法治化是传承信访制度，也是对信访制度自身的制度更新，不仅要求对信访功能予以深刻认识和准确定位，而且要求将信访制度与诉讼、调解、仲裁、行政复议等纠纷解决机制和权利救济制度进行合理对接，带来更大的制度红利。同时，这也是避免信访制度进一步陷入恶性循环的一种有效途径，是使其进入良性循环的一个机会。

三、信访法治化的渐进型设计：以信访为关键反馈实现政策系统的自我优化

从对既定政策体系冲击最小的角度考虑，要实现信访的政策功能，预防和化解社会矛盾，建议信访法治化从以下几个关键点入手。

第一，将信访系统作为社会对政策不满的反馈机制，要求政策制定和执行系统必须及时吸收信访系统反馈的社会不满信息。使信访成为各级党委、人大和"一府两院"进行政策决策的辅助支撑系统。

第二，信访通过法的形式强制性形成法律与政策社会不满反馈机制，该反馈内容向社会公开，成为法定的政策制定环节。

第三，在工作机制安排上发挥信访会议平台的功能，在信访人提出信访后，信访部门应当公开信访内容，并通过信访会议平台，邀请信访人、利害关系人以及相关部门负责人，进行公开讨论、审议，形成建议，提交给有关政策制定部门，同时向社会公开建议内容和提交对象。

第四，该模式发挥作用的要点在于：（1）由政策的利益相关者——信访人可以直接启动的公开的权利救济系统，能够凸显公民权利的法治精神；（2）信访会议平台采用公开方式审查信访事项，公开讨论相关政府政策；（3）信访人和利害相关人以及有关政府部门公开参与、公开讨论；（4）信访会议平台的结论是一个公开的政策建议，其将公开传达给相关的政策制定者，由法定权限的机关进行政策决定，对既定的权力构架不进行改动。

四、信访法治化的理想型设计：将信访会议平台设计为对地方立法和政府规范性文件进行审查的机构

由于我国的司法救济系统缺乏对地方法规、地方政府规范性文件的审查机制，既有对此类政策的审查主要源于立法法的规定，而立法法又将该权力赋予同级或上级人民代表大会及其常委会，以及上级人民政府，它的启动过程完全依赖于这些机关的自我判断，缺乏由当事人启动的对政策的审查机制，而现实中，大量的社会不满往往来自公共政策对利益的分配。为从根本上解决这一制度性问题，可以考虑将来在制定信访法时，将信访会议平台转化为政策审查机制，从制度上净化政策系统、控制社会矛盾。这一设计的优点是完善了我国的整个政策体系，是对现行司法制度的补充与完善，缺点是对既定的权力结构有一定冲击。

这一模式的信访法治化，关键在以下几点：

第一，确立信访会议平台的法律地位，授权其对政府规章、规范性文件进行合法性、合理性审查。信访会议平台有权对规范性文件进行裁决，对地方立法提出修改建议。

第二，对信访会议平台的运作需要按照程序法的标准进行严格的程序规范，信访会议平台的工作主要是采用公开方式审查、讨论同级或下级政府规章、规范性文件。

第三，由信访人通过信访可以启动信访会议平台对公权力应用的基础——政府规章、规范性文件进行合法性、合理性审查，以实现对公权力的控制。

第四，信访会议平台不能侵犯人大及其常委会的权力，人大及其常委会保留最终决定权，保持宪法对国家权力设计的基本框架不变，同时与立法法的精神并行不悖。

第五，该设计的关键是要区分信访会议平台与公检法机构的职责划分，重点厘清公权力通过制定规则的方式产生社会危害和权利侵害的救济范围。

（作者：翟校义，中国政法大学政治与公共管理学院教授。原文载于《信访与社会矛盾问题研究》2014年第4期。）

新时代信访制度人民权益保护属性探析

王　凯　　周红萍　　敖　曼

摘　要： 信访是具有中国特色的人民权益保护制度。作为我国公民表达民意诉求的法定渠道，信访制度形成独具特色的弱势群体权益保护机制；信访是遵循"动态民主"的制度，形成具有中国特色的自发式参与的维护权益方式；信访是公共治理的负反馈机制，"隐性"推动政府政策的调整完善，为公民权益保护发挥积极的正向效应；信访制度是范围广泛的权力监督制度，从源头维护公民的合法权益；信访是简便高效的替代性纠纷解决机制，"兜底性"地保障公民的权利和利益。

关键词： 信访制度　人民权益保护　民意诉求表达　动态民主　负反馈机制

一、党和国家高度重视信访制度的人民权益保护属性

党的十八大以来，习近平总书记提出了一系列关于推进信访制度改革、做好信访工作的新思想、新观点、新论断，形成了习近平总书记关于加强和改进人民信访工作重要思想。

习近平总书记高度重视信访工作，将人民群众来信来访作为了解群众期盼、总结为政得失的一面"镜子"。这一定位诠释强调了信访工作要了解群众期盼，以"人民为中心"，应坚守群众路线，坚持人民利益至上。新的历史时期，应高度关注信访制度的人民权益保护属性，结合信访窗口加强对社情民意新动向、新特点的分析研判，及时提出完善工作的意见和建议，推动政府治理模式的创新发展，助力国家治理体系和治理能力现代化建设。

二、新时代信访制度人民权益保护属性的具体体现

纵观信访制度的发展历程，人民权益保护属性与信访制度的发展相伴相随：人民权益保护属性作为国家创立信访制度的初衷，是信访制度的核心属性，体现于信访制度的整个发展历程；受不同时期社会背景的影响，信访制度人民权益保护属性呈现了不同历史阶段的治理特点。伴随进入新的历史时期，我国社会层面的民主法治意识不断增强，民众对维护权益和实现公平正义的期

待不断提升，信访制度人民权益保护属性受到更多关注和期待。新时代背景下，信访制度人民权益保护属性主要体现为如下方面：

（一）信访制度与诉求表达

在我国，信访制度是公民直接表达民意诉求的法定渠道。日常运行中，除来信来访方式外，各级政府普遍建立党政领导阅批来信制度、定期接待来访制度、领导包案制度和领导下访制度，开通了网上信访机制，优化了 12345 电话平台。这些信访工作方式畅通了民意表达渠道，有利于信访人及时便利、低成本、高效率地提出信访事项，表达多元诉求；这些信访工作方式及时回应了各类民生需求，有力推动信访和社会矛盾问题的有效解决，维护公民的合法权益。实践中，信访制度以回应人民需求为基点，以精准识别机制为核心，建立民意诉求的表达机制、识别机制和治理机制等链式机制体系，形成回应式民主运作形态。

值得关注的是，信访制度是独具中国特色的保护少数人、弱势群体权益的机制。实践中，由于少数人尤其是弱势群体的利益往往容易被忽视，信访制度对维护弱势群体的权益具有重大意义。并且，对于本身在社会生活中就比较脆弱的弱势群体来说，通过信访维护权益可以节省经济成本，可以让信访人相对感觉成本较低；也有利于冲破各方面的束缚，增强对弱势群体维护权益的公平正义性。可见，信访制度对维护少数人，特别是弱势群体的权益具有其他维权渠道不具备的独特价值。

（二）信访制度与政治参与

信访制度是我国公民自发式政治参与的渠道，构建了具有中国特色的直接民主机制。信访制度是我国公民直接参与国家治理的重要制度设置，公民可通过信访渠道提出意见和建议，参与国家法律政策的制定和实施。如北京、上海等地的信访机构都建立专门人民建议征集部门，依法接收办理民众对于公共事务的意见和建议。2021 年 6 月，上海市人大常委会通过《上海市人民建议征集若干规定》，推进人民建议征集制度的健全完善。当前，越来越多民众通过信访渠道主动参与公共事务，这是一种重要的自发式政治参与行为，具有直接民主的属性，对于推进公共决策的科学化、民主化意义重大，形成具有中国特色的自发式参与的维护权益方式。在当代中国，信访制度以透明参与为动力，以真正体现公民的知情权、表达权和参与权为核心，建立了广覆盖、常参与、见实效的政治参与渠道，塑造了具有中国特色的直接参与式民主，成为间接民主的有益补充。

信访是具有中国特色的"动态民主"制度，是彰显我国全过程人民民主制度优势的重要窗口。"人民信访制度是密切联系群众的重要渠道和纽带，是人民直接参与制度的一个重要组成部分。"① 与动员式政治参与相比，信访作为我国公民自发式政治参与渠道，显得更为积极主动，参与主体对自己行为拥有清晰的认识、明确的意图，对于公共决策的意义更为重大。公民可以通过信访制度参与国家法律、政策的制定和执行，从而对政府决策和公共政策产生影响，维护民众的合法的权利和利益。实践中，作为由公民主动发起的民主行为，信访对民主具有改进和修复的意义，成为具有不断建构功能的"动态民主"。由此，信访具有立法、执法和司法所不具有的民主优势，是一种实实在在的人民民主机制。信访显露的民主信息具有可见性、直接性和协商性。

（三）信访制度与政府治理

在我国的国家治理体系中，信访制度是一个重要的负反馈机制，是政府自我纠偏纠错的机制。透过信访窗口，"能把握公共政策制定、执行的得失"，"可体察立法、执法和司法中的得失"，"能洞察社会心态的特点和趋势"。② 通过信访渠道反馈的信息有利于政府了解人民的现实需求，促进相关政策的调整和修正，从而为人民权益的保护发挥积极的正向作用。

---

① 浦兴祖：《中华人民共和国政治制度》，上海人民出版社 2005 年版，第 491 页。

② 王凯：《激活信访的智库"效能"》，《人民日报》2019 年 8 月 26 日，第 5 版。

实践中，信访问题形成社会压力，不断"隐性"推动政府纠偏纠错，促进政府持续地自我完善，推进政府治理的创新发展。信访问题能够形成综合性的社会压力，特别是一些涉及群体性利益的信访问题，容易引发媒体和社会的普遍关注，从而倒逼政府积极审视自身的行政行为，及时采取配套政策和补救措施，避免社会风险的积聚爆发，有力维护民众的合法权益。信访作为一种公共政策的优化矫正机制，具有独特性，能够发现公共政策运行过程中存在的问题，形成完善公共政策的制度性推力，有力保障公民的合法权利和利益，巩固党的执政基础、增强政府治理能力、推动社会管理创新、维护社会和谐稳定，具有极为重要的价值和意义。

（四）信访制度与权力监督

信访制度是范围广泛的权力监督制度，形成了具有中国特色的公共权力纠错纠偏机制。监督性是信访制度的本质属性之一，信访制度是我国公共权力监督体系的重要组成。通过信访渠道，公民可直接向党委政府反映情况，提出申诉、检举和控告。实践中，纪检监察类信访问题是民众反映的重要信访问题，涉及政府官员各类违法违纪行为，如贪污腐败、滥用职权、作风粗暴、行政不作为等问题，对公权力依法运行起到重要监督作用。作为一种权力监督方式，信访具有监督范围广泛、监督方式灵活等特点，赋予最广大群众以最广泛的权利，对公共权力实施监督，维护民众的合法权益。

由于权力具有非自动实现的属性，需通过代理人才能实施，为确保代理人真实代表公共利益的意愿，需要制度保障公民能够对权力的行使进行有效地监督。信访制度是我国公民监督公共权力的重要手段。公民通过信访渠道反映的问题涉及公、检、法、司等部门工作人员不作为问题，涉及基层干部、部门领导干部和企事业单位领导干部违规违纪问题，对公权力运作起到重要的监督作用，从源头维护公民的合法权利和利益。未来可持续推进信访机构与国家纪检监察部门的衔接协同，不断强化我国公共权力监督体系的合力。

（五）信访制度与纠纷解决

信访制度是简便高效的"权利救济"制度，是我国国家治理体系中的替代性纠纷解决机制。在我国当前法律体系中，信访与行政复议、行政诉讼一样，是公民解决纠纷、维护权利的法定途径，而且，与行政复议、行政诉讼相比，信访涉及的领域更为宽泛，处理的机制更为灵活。依法及时为公民解决问题、救济权利和伸张正义，是信访制度承担的重要功能。信访的权利救济范围涵盖了包括行政纠纷、民事纠纷和刑事纠纷在内的几乎所有社会纠纷，处理了大量的权利救济类信访事项，在维护民众权益方面发挥着重要的作用。

现代国家治理体系中，司法诉讼是解决纠纷最重要、最权威的途径。但是，源于诉讼本身存在的弊端、社会纠纷的多样性和当事人需求的差异性，诉讼不可能也不应该垄断所有的纠纷解决。因此，世界各国结合国情发展形成了非诉讼纠纷解决机制，如谈判、调解、仲裁等，用以解决特定的纠纷。在中国当前现实条件下，信访作为中国本土性的替代性纠纷解决机制，仍发挥着十分重要的作用。"信访制度严格地说并不是一种特定的纠纷解决程序，然而，从实践中的作用和效果看来，信访制度却在我国的纠纷解决系统中具有不可替代的重要地位。"① 信访制度的不可替代性集中体现为信访制度的"兜底性"，即信访制度是我国社会矛盾治理体系的"兜底"机制。信访制度的"兜底性"纠纷解决功能的发挥需遵循现代社会矛盾治理的普遍规律，契合"权力分立与制衡"的原则，注重与诉讼、复议、仲裁和调解等多元制度的衔接和整合。从现实情况看，尤其是针对一些特殊的历史遗留问题，如返城知青、支援三线、国企改制、征地拆迁、代课教师和失独家庭等历史遗留问题和信访疑难问题，信访制度的"兜底性"纠纷解决的功能显得尤为重要，成为维护我国公民合法权益重要的法定途径。

综上，信访是具有中国特色的宝贵制度资源。信访制度作为我国国家治理体系的重要组成，是中国特色的人民权益保护制度：信访是我国公民表达民意诉求的法

---

① 范愉：《非诉讼纠纷解决机制研究》，中国人民大学出版社2000年版，第561页。

定渠道，形成独具特色的弱势群体权益保护机制；信访
是遵循"动态民主"的制度，形成具有中国特色的自
发参与式的维护权益方式；信访是公共治理的负反馈机
制，"隐性"推动政府政策的调整完善，为公民权益的
保护发挥积极的正向效应；信访制度是范围广泛的权力
监督制度，从源头维护公民的合法权益；信访是简便高
效的替代性纠纷解决机制，"兜底性"地保障公民的权
利和利益。

（作者：王凯，时任北京市信访矛盾分析研究中心
副主任、副研究员；周红萍，中国政法大学政治与公共
管理学院硕士；敖曼，北京市信访矛盾分析研究中心研
究人员。原文载于《信访与社会矛盾问题研究》2021
年第 6 期，文章有调整修改。）

信访工作五大新看点

翟校义

《信访工作条例》（以下简称新《条例》）自2022年5月1日起施行。这部由中共中央、国务院印发的新《条例》取代了2005年出台施行的《信访条例》，统领信访工作。9000多字的新《条例》详尽规定了信访工作的各环节事项，有哪些值得关注的新内容？

一、推动信访工作整体格局发生变化。新《条例》创造性地通过党内法规与规范性文件相结合的方式，使信访工作在党内党外、党政机关及国家各系统获得信访法治的统一性。从党内党外两个范围、党规党纪国法多个层面，对党委和政府的信访工作、信访人的信访活动全面规范。新《条例》使党规党纪国法叠加在信访工作领域，将信访是执政者为社会矛盾负总责的内在机理，与中国共产党的先进性结合起来，在为人民服务上统一起来。

二、通过明确党的全面领导形成法的统一性。相对于原《信访条例》，新《条例》主要增加了一章"信访工作体制"，融合了党的十八大以来信访工作制度改革成果，如网上信访、诉访分离、依法分类处理等信访工作制度改革；明确了信访工作指导思想，强调了党对信访工作的全面领导。新《条例》基于党的全面领导，由中共中央、国务院印发，对信访工作进行顶层设计。新《条例》将适用范围扩展到各级党的机关、人大机关、行政机关、政协机关、监察机关、审判机关、检察机关以及群团组织、国有企事业单位等机构，间接明确了有党组织的机构都要承担信访工作任务，同时规定了分类办理的工作机制。适用范围的扩展，使信访工作在各机关各系统各领域具有了法的统一性。

三、强调信访工作的政治意涵。新《条例》从国家治理层面对信访工作进行定位。该定位由三个"重要"组成，体现了中国共产党历代领导集体高度重视信访工作的工作传统。第一，信访工作是党的群众工作的重要组成部分，强调信访的群众工作的政治属性；第二，信访工作是党和政府了解民情、集中民智、维护民利、凝聚民心的一项重要工作，强调信访工作对党和政府工作优化的重要作用；第三，信访工作是各级机关、单位及其领导干部、工作人员接受群众监督、改进工作作风的重要途径。三个"重要"的定位，体现了信访工作的政治性、人民性、群众性，明确了新时代信访工作的发展方向和着力点。新《条例》在原有的属地管理、分级负责，谁主管、谁负责的信访工作责任制之前，加上了党政同责、一岗双责，并将其放在责任制的首位，是党的十八大以来信访工作的经验总结。

四、信访办理将开启公共政策模式。 新《条例》对信访办理的要求从原来的依法及时就地解决，转变为"依法按政策及时就地解决"，这一转变意味着在信访办理过程中，以往的"一事一议、秘密协商"将退出历史舞台，对于信访事项的办理不能采取突破法律政策规定的做法。若某一信访案件的办理，现有的法律政策无法解决，就需要制定政策或修订政策。在新《条例》规定的信访工作体制中，党委和政府作为最重要的政策制定者，有能力对政策制定需求进行快速反应。在依法制定新政策之后，按照新政策进行办理，这意味着对所有的公民将一视同仁，而不是对个别信访人"开口子"。

五、强化源头治理推动基层工作创新。 在源头治理上，新《条例》要求信访工作多措并举、综合施策，着力点放在源头预防和前端化解，把可能引发信访问题的矛盾纠纷化解在基层、化解在萌芽状态。这一原则性要求，是面向基层的更重更难的任务，同时也授权基层进行探索，为基层治理创新提供了制度空间。

（作者：翟校义，中国政法大学政治与公共管理学院教授。原文刊载于《半月谈》2022 年第 9 期。）

信访立法绸缪 9 年再进一步，《信访工作条例》有何新表述？

2022 年 4 月 7 日，据国家信访局微信公众号消息，近日，中共中央、国务院印发《信访工作条例》，自 2022 年 5 月 1 日起施行。与此同时，2005 年出台施行的《信访条例》废止。

时隔 17 年，在信访立法被提上日程多年之后，《信访工作条例》率先出台，与此前《信访条例》由国务院发布不同，《信访工作条例》由中共中央政治局会议审议批准，由中共中央、国务院发布。

中国政法大学政治与公共管理学院教授翟校义长期研究信访工作，在他看来，此次《信访工作条例》与此前相比，呈现最大的变化即提升法规权威性，实现党对信访工作主体的全面领导和全覆盖。

"它不是《信访条例》简单的修改和升级，由于发布主体的变化，新出台的条例既是党内法规也是行政规范性文件，同时强调党的全面领导，形成对党内党外信访工作全面规范的格局，对涉及信访的党政机关、人大、政协、司法机关、监察机关的全覆盖，适应新时代信访工作的需要。"翟校义说。

位阶更高、覆盖部门更广

中央政治局审议，覆盖所有党领导部门的信访工作

信访是我国极具特色的汇聚、反映民意，维护人民权益，强化人民对公权力部门监督的重要渠道。在此次《信访工作条例》出台前，此前施行的《信访条例》由国务院于2005年发布，于当年5月1日起施行。

过去多年间，因国内信访问题突出，《信访条例》位阶低、权威性不足、欠缺可操作性、无法满足信访实际需要的争议不断，不断有学者呼吁修订条例或直接制定"信访法"，为依法依规处理信访事项，规范信访行为，保障信访人权益予以制度保障。

"此次新出台的《信访工作条例》，其中一个重大调整即条例不再如以往由国务院制定印发，而是由中共中央政治局审议，中共中央、国务院印发，这一调整，也直接提升了条例权威性，并使得此前《信访条例》只能调整和规范行政部门受理、处理信访事项的行为，转变为从程序上可以将更多受理、处理信访事项的相关部门纳入，扩大覆盖面。"

翟校义提出，此次《信访工作条例》通过"党内法规＋行政规范性"的方式，将党领导的部门都涵盖其中，对信访活动实现全面规范，"不仅解决了此前行政法规无法适用其他诸如人大、政协等单位信访工作的问题，同时也因为新条例作为党的法规，所以法规的位阶也更高，有助于在实践中规制各类受理、处理信访问题的规定。"翟校义解释。

一个值得注意的现象是，在实践中，信访人往往并不直接向各类行政机关提出诉求，而要找党解决问题，所以此前，几乎所有党委、地方人大都会出台信访政策来解决信访问题。

据学界不完全统计，各地各部门此前以贯彻 2005年版《信访条例》为契机，健全完善办信、接访、督察、复查复核、信访责任追究等配套规章制度 300多项。

翟校义告诉察时局，也正因为此，在长期的信访实践中，几乎所有国家机关都逐渐参与信访工作。察时局也注意到，目前受理、处理信访事项的主体包括各级党的机关、人大机关、行政机关、政协机关、监察机关、审判机关、检察机关以及群团组织、国有企事业单位等均被列入新版条例之中，同时条例还详细列举了各类机关处理信访问题的基本准则。

比如《信访工作条例》规定，对属于纪检监察机关受理的检举控告类信访事项，应当按照管理权限转送有关纪检监察机关依规依法处理。

对信访功能角色有了新定位

强调政治属性，是党的群众工作重要组成部分

《信访工作条例》的另一重要变化，是彰显党对信访工作的全面领导。

察时局注意到，与此前《信访条例》中仅规定信访工作由政府领导属地负责分级管理不同，这次新版条例明确规定，信访工作是党的群众工作的重要组成部分，是了解社情民意的重要窗口。各级党委和政府信访部门是开展信访工作的专门机构，要求地方党委常委会应当定期听取信访工作汇报，分析形势，部署任务，研究重大事项，解决突出问题。

在翟校义看来，长期以来，我国各界对信访功能、角色的定位争议较大，定义也较为模糊，信访工作到底是什么、为什么，一直以来争议不断。《信访工作条例》对信访的功能角色有了新的定位。"新时代信访工作，重新强调党和政府保持信访工作人民性和群众性的重要性，让群众工作在信访中占据更重要的地位，实际上也再次强调了信访工作的政治属性。"

值得注意的是，早在 1982 年，《党政机关信访工作暂行条例》即提出，正确处理人民群众来信来访，是各级党委和政府的一项经常性的政治任务，处理信访是改进领导作风、密切党群关系的重要工作。

111

翟校义也提及，强化信访的政治属性，也承继了上述条例的部分规定和制定精神，"早期强调是群众工作，现在依然强调是群众工作，在过去很长一段时间，我们都不再提信访的政治属性，而是强调如何从专业化的技术层面解决信访问题，但实际上信访本身是具有强烈政治属性的工作，这也导致我们在运用行政法规去处理信访问题时，有很多无法解决的问题"。

他指出，信访群众多数是基层群众，只有一些提出意见建议的少部分人群是精英阶层，"强调群众工作，更重要的是强调党政对基层的关怀，《信访工作条例》的变化，也是这么多年来尤其是十八大以后，国家在改革开放之后对底层群众的回馈和政治关怀。"翟校义说。

持续推进信访法治化
明确信访事项分类处理，涉诉涉法信访由政法机关依法处理

自 2013 年中央启动信访改革以来，在全面依法治国的要求之下，信访工作被纳入法治轨道。如何规范信访人的信访行为、如何规范信访部门处理信访问题，成为改革中的关注焦点。

为确保依法、合理处理信访事项，避免任性、恣意、专断或"花钱买平安"，也为合理合法维护信访人权益，早在 2016 年，北大法学院教授姜明安就曾撰文指出，要确定对信访事项分类规范、分类处理原则，对反映情况、表达意愿的信访和批评建议性信访、咨询性信访、举报检举性信访和申诉、控告性信访要在受理主体、处理规则、受理和处理程序上分别作出不同的规定，而不能"一刀切"。

察时局也注意到，相较于此前《信访条例》，新版《信访工作条例》的一大亮点，即明确持续推进信访法治化，同时对信访事项作出明确分类处理的规定。

《信访工作条例》第四章信访事项的办理专门提出，信访事项应当区分情况：应当通过仲裁解决的，导入相应程序处理；可以通过行政复议、行政裁决、行政确认、行政许可、行政处罚等行政程序解决的，导入相应程序处理；属于申请查处违法行为、履行保护人身权或者财产权等合法权益职责的，依法履行或者答复。

近年来，推进信访法治化的进程中推动访诉分离，避免"信访不信法"的缠访、闹访，让涉法涉诉的问题以法治工具促进解决是一大关键。

值得一提的是，新版条例对此作出明确规定：信访人提出涉及诉讼权利救济的信访事项，应按照法律法规向有关政法部门提出，各级机关、单位应当按照诉讼与信访分离制度要求，将涉及民事、行政、刑事等诉讼权利救济的信访事项从普通信访体制中分离出来，由有关政法部门依法处理。

针对上述这些变化，翟校义也认为，《信访工作条

113

例》结合 2013 年以来信访改革经验，既从立法上强调政治性，同时也明确信访工作的专业化和法治化，"是政治性结合法治性的一部规范性文件"。

信访立法绸缪 9 年
中央信访工作联席会议研究信访法治化等重大问题

在上述变化之外，包括完善信访工作联席会议制度、推动信访工作信息化、领导带头接访包案、设立一站式接访制度等也被写入新版条例，让 2013 年以来中央信访改革的举措转化成为制度性规定。

在翟校义看来，《信访工作条例》的出台，既是总结此前信访改革经验，也是回应现实信访工作中的诉求。但从长期来看，信访领域仍必须出台专门立法来重新正确认识信访工作，做好信访工作。"新的条例意味着推动多年的信访立法再进一步，也给未来信访领域的专门立法打下基础。"

值得关注的是，新版条例中明确规定："由中央信访工作联席会议研究信访制度改革和信访法治化建设重大问题和事项。"察时局从知情人士处获悉，目前信访立法工作亦在进行之中，"但立法需要更长的过程，各方仍未普遍达成共识。"

察时局也注意到，自 2013 年以来，中央部署推进信访改革，信访法治化建设稳步推进，2013 年十二届全国人大常委会公布 5 年立法规划，"信访法"作为立法工作计划预备项目，国际关系学院法律系教授肖君拥曾解释，这意味着要启动立法前的研究起草准备工作，"如研究该立法项目涉及的利益关系调整，事权的划分，推演立法后的程序性和各种实体性问题等"。

2014 年，中国政法大学曾专门举行《信访法（草案）》研讨会，2017 年，全国人大常委会在公布当年立法工作计划时也曾表示，针对有关方面提出的信访立法，由有关方面继续研究论证，正在抓紧进行起草工作。

2018 年，十三届全国人大常委会 5 年立法规划公布，信访立法项目被归属于"立法条件尚不完全具备、需要继续研究论证"的第三类立法项目，全国人大常委会表示，信访等领域的立法要经研究论证，条件成熟时可安排审议。

信访立法进程已绸缪 9 年，在翟校义看来，目前各界对信访立法工作认识不一，在具体操作层面仍然缺乏成熟的经验。"从国家治理的方向看依然要坚持法治化的取向，但信访要专门立法，最后一定要水到渠成，信访活动要被社会各界认可，政策工具也要更加丰富。"

（原文刊载于《南方都市报》2022 年 4 月 13 日。）

"以人民为中心"引领基层治理

翟校义

基层作为一个系统的基底，在不同系统中有不同所指。在政府系统中，基层指的是区县、街乡镇政府；在社会系统中，基层则指的是街乡镇政府之下、家庭之上，政府公权与公民私权系统的夹层，是"公"与"私"的接合部；在国家治理体系中，基层既包括基层政府也包括基层社会系统，其治理既包括国家的法治、社会的德治、基层群众自治，也包括民间的情理之治，是民众切身感受治理行动与治理效果的场域。在巨大复杂的国家系统内部，基层治理的地方性、局域性、多样性，需要整体的、广域的、一致的价值来统领整个系统。

党的十九届四中全会提出国家治理需要"坚持以人民为中心"，党的十九届五中全会将"坚持以人民为中心"作为"十四五"时期必须遵循的原则，体现人民主体性成为中国国家治理和基层治理的基本要求。"以人民为中心"通过"人民"的政治性集体人格，将基层治理共同体及其共识、治理动力以及激励系统统领起来，将政治与法治融合在基层多样化治理活动中，对基层治理形成引领与规约。本文从基层治理共同体、治理共识、治理规约三个角度，分析"以人民为中心"统领基层治理的意义所在，指出政策落实的关键在于把"以人民为中心"的理念通过基层精英贯彻到具体的治理行动中。

基层治理共同体需要高阶价值统领

基层治理共同体作为小规模公共性共同体，其内部组成对共同体行动影响大，外部环境对其影响更大。想要实现善治，需要内部行动骨干投入时间和情感协调内外关系，控制内部活动的负外部性。

基层治理共同体因规模小而更具多样性。基层治理与国家治理、地方治理一样，围绕高度稳定、容易识别、便于区分的物理空间展开，无论是作为国家治理接点的区县①、街道乡镇，还是基层群众自治的社区

---

① 徐勇：《"接点政治"：农村群体性事件的县域分析——一个分析框架及以若干个案为例》，载《华中师范大学学报（人文社会科学版）》2009年第6期。

（村），甚至是居民小区、楼宇单元，本质上都是物理空间。基于物理空间的基层治理要求对属地空间内的人群和组织进行全面覆盖、普遍服务，基层党组织、基层政府、自治组织（村民委员会、居民委员会、业主委员会等）、社会力量（属地企业、物业服务企业、社会组织等），以及公民个人及家庭，都是基层治理的主要行动者；这些行动者在本地力量和资源的支持和规约下形成自成一体的、微型的公共治理共同体。基层治理共同体作为国家治理、地方治理的子系统，国家治理、地方治理各种行动者的影响都会投射到基层治理内部。来自国家治理自上而下的政策指引，一些有普遍适用性的基层治理经验被政府作为示范向基层推广，如"党建引领""四议两公开""三社联动"等，使基层在治理结构和治理模式上出现一定程度的趋同性。尽管如此，在相对狭小物理空间形成的基层治理共同体，仍然呈现出空间差异大、组成差异大，行动者差异大的特征，导致基层治理在一定程度上表现出明显的差异。

基层治理共同体的内在差异带来治理差异。基层治理共同体的物理空间属性以及资源禀赋存在明显差异。例如，城市商业中心的楼宇、城市建成区的居民小区、农业区的村庄、牧区的居民点等，彼此差异十分明显，即使是同类型物理空间，由于用途和使用者的差异，亦有可能产生明显差异。

作为小规模公共系统的基层治理共同体，各类行动者的差异会更多地影响基层治理共同体行动。包括基层党组织、基层政府、自治组织、物业服务企业、社会组织、公民个人及家庭，各自的特点以及各自领导者处理相互间关系的差异都会影响基层治理共同体。基层治理共同体内部各类行动者本身规模较小，行动者内部的差异受个体尤其是受领导者的影响较大，也是基层治理共同体带有领导者个人色彩的主要原因。

不同基层治理共同体的成员资格边界控制机制存在明显差异。对于具体的基层治理单元而言，"谁拥有参与资格"尽管有法律进行规范，但基层治理共同体实际上有自己的边界控制机制，且该机制存在非常大的差异。处在两端的分别是以土地集体所有的村庄与以房屋所有权商品化的城市商品房居住小区。在土地集体所有的村庄，个人和家庭能否参与基层治理、能否获得集体土地收益，取决于个人和家庭是否在村里拥有承包地或户口。村庄较为强调封闭性，往往倾向于缩小共享范围，甚至会排斥"出嫁女"①。房屋所有权商品化的城

① 刘保平、万兰茹：《河北省农村妇女土地权益保护状况研究》，载《妇女研究论丛》2007 年第 6 期；李延舜、曹婧：《村规民约的男权视角分析——以农村 "出嫁女" 的土地承包经营权侵害案为例》，载《山西高等学校社会科学学报》2008 年第 12 期；卢素文、陈伟杰：《村庄参与中的差别化接纳——江西省农村外嫁女集体回娘家活动研究》，载《妇女研究论丛》2021 年第 1 期；章羽：《土地、女性与经济增长："农嫁女"问题再考察》，《中国妇女报》2020 年 12 月 1 日第 6 版；李慧英：《我国农村集体父权制的成因与运作》，载《山东女子学院学报》2020 年第 6 期。

市商业房居住小区则取决于个人与房屋的物权关系，即个人是否是房屋的产权人或家庭成员、租客等。

不同基层治理共同体的治理内容，多围绕着自身资源展开，城乡基层治理存在显著区别。基层治理的关键在于优化自身，各个基层治理共同体主要是针对自身短板进行优化完善。比如，除了常见的改善人居环境之外，乡村普遍把经济发展放在重要位置；而城市建成区的社区则根本没有经济发展的职能和需要，往往把社区矛盾化解放在首位。

基层治理共同体有鲜明的领导者个人色彩。小规模组织中领导者的作用更为明显，基层治理共同体的各类参与者都存在类似的小规模组织现象，使得基层治理看似有许多共性，政策措施也相近，但实际治理效果却明显不同，其主要原因实际上在于基层治理的领导者不同。在基层常见的现象是，一个优秀的基层领导可以带领和推动社区（村）治理的好转；反之，则会使其停滞不前。基层治理共同体的"领头雁"、基层治理组织机构参与者的领导①，是基层治理中的关键因素。

基层在外部环境与自主治理探索中寻求发展。基层治理共同体作为制度性共同体，其治理活动必须在法治制度框架下展开。基层治理共同体处在国家治理、地方

---

① 石发勇：《业主委员会、准派系政治与基层治理——以一个上海街区为例》，载《社会学研究》2010 年第 3 期。

治理的末端，制度环境中自上而下的各种因素，尤其是关于基层的治理取向、制度安排、治理情境、要素结构、工作机制、行动指引等，对基层治理行动都会产生显著影响。

基层治理的内容集中在具体事务的操作上，除了人居环境、生产生活活动外，邻里关系、家族关系、家庭关系等琐碎事务，只要对治理效果形成较大影响就可能成为基层治理内容。国家治理、地方治理系统对基层治理的影响集中于主导价值取向、整体性制度安排、宏观设定治理情境、调节构成要素等领域，而无法对纷繁复杂的基层事务，尤其是群众性事务、具体事务面面俱到地指导、参与。同时，基层治理也不可能依赖上级帮自己解决所有问题，必须走"自己的问题自己解决"的自主治理之路。

社区（村）基层治理共同体本身的自治属性以及自主治理特点，决定了其治理活动的核心是内部治理，通过内部的具体行动在细节上丰富完善工作机制、调整要素结构、重塑治理情境，构造自主治理小环境。形成自主治理小环境的过程需要相当长时间的政策持续，一些成功的基层治理经验在更大范围起到示范作用后，甚至有可能反过来重塑相关制度安排与制度取向。浙江省安吉县自 2003 年起响应省委"千村示范万村整治"号召，启动了乡村治理，并于 2008 年率先启动美丽乡村建设。县委县政府多任领导一以贯之、狠抓落实，使安吉县成为践行"两山"理论的实践典范。党的十九大报告提出:"必须树立和践行绿水青山就是金山银山的理念,坚持节约资源和保护环境的基本国策,像对待生命一样对待生态环境。"此后,我国大力推进生态文明建设,践行绿色发展理念,取得了丰富的理论和实践成果。安吉县的基层治理实践和经验继而转化为影响全国乡村建设的价值取向与制度安排。

个体情感投入有利于协调基层治理中的各种关系。基层治理共同体,尤其是社区(村)基层群众自治组织的物理空间边界、成员参与资格,以及外部法治制度等政策环境的具体解释和应用由基层党政公共管理系统进行规范。比如,作为边界控制机制的户籍管理权就属于基层政权。基层党政公共管理系统基于政策进行一般性管理,基层治理共同体则需要针对本社区(村)的特殊性进行治理,需要双方不断地投入精力进行沟通,处于相对被动的一方往往要投入更多。

基层治理共同体在自身资源相对稀缺的情况下,要塑造社区形象、吸引外来资源,一定程度上有赖于辖区社会关系和地缘认同。为此,基层治理共同体除了照顾共同体外部和内部各种关系,必要时也会关注辖区居民的亲属与密切交往者,辖区各类法人的伙伴等延伸关系。

从具体社区(村)看,基层治理既需要投入资源,更需要投入时间与情感。社区(村)基层治理活动常常伴随着个体情感因素,需要通过情感连接完成各种关系维护和协调，而情感纽带本身又往往与个人联系在一起。曾经与社区（村）有关系的个人或组织，往往对社区抱有特殊的情感（如故乡情、校园情等），尤其是具有地缘认同的"离土精英"，基层治理共同体也通常将其视为联接外部资源的重要通道。带有个体情感色彩的基层治理，也因此变得丰富多彩、多样多姿，各具特色、难以复制。

"以人民为中心"限制了共同体之间的"恶性剥夺"。人民对美好生活的向往是人的全面发展的本质体现，当可观察、可比较、可学习、可复制、可实现的美好生活愿景呈现出来时，个体会采取积极行动促使其成为现实。人民对美好生活的向往中的"人民"，对一个基层治理共同体而言，指的是共同体内部的全体。在一个基层治理共同体内部，人民共同美好生活的实现不可能建立在剥夺共同体内部其他成员的基础上；但在不同的共同体之间，通过剥夺其他共同体、剥夺其他共同体中的个体，作为剥夺者的共同体有可能实现共同体内部集体利益的提升。因此，政府需要把"剥夺"控制在适度的范围内，以避免基层治理共同体之间出现零和博弈、负和博弈。中国共产党提出"人民对美好生活的向往，就是我们的奋斗目标"。① 这里的人民指的是全

① 习近平：《人民对美好生活的向往，就是我们的奋斗目标》，《习近平谈治国理政》，外文出版社2014年版，第4页。

国人民，其必然限制地方治理、基层治理共同体将治理成本向外部转移的行为，同样，对于国家共同体而言也是如此。因此，中国共产党呼吁世界各个政党"把世界各国人民对美好生活的向往变成现实"①"构建人类命运共同体"②，用极其负责的方式对待人民对美好生活的向往的原初治理动力。

多样的基层治理共同体在外部环境的制约下，融入各种共同体中代表不同范围的"人民"，在受到异化的"原初治理动力"驱使的情况下，极易陷入各种冲突之中。在基层治理共同体面对各种冲突时，"以人民为中心"为其寻求共识提供了方向指引和话语支持。

"以人民为中心"帮助基层治理形成共同体共识

基层治理共同体作为一种公共治理，需要凝聚共识、共谋发展，形成集体行动，在这一过程中，也会存在集体行动的困境。无论是城市居民自治还是乡村村民自治，基层治理共同体的核心是自治，外部有关力量对参与者的偏好多是通过利益引导、思想疏导、人际沟通等方式进行。只有共同认同的、崇高的、稳定的价值理念，才能穿透不同位阶的治理共同体和具体操作环节到

---

① 习近平：《把世界各国人民对美好生活的向往变成现实》，《习近平谈治国理政》第三卷，外文出版社 2020 年版，第 433 页。

② 习近平：《共同构建人类命运共同体》，《习近平谈治国理政》第二卷，外文出版社 2017 年版，第 548 页。

达最基层，才能在基层治理共同体内部被广泛认同和遵循，才能实现自上而下的价值引领。

基层治理共同体内部共识依赖多层面的协调平衡。基层治理共同体内部共识是多层级价值偏好不断协调的产物，许多基层治理参与者本身是一个组织，自身也需要内部协调；同时，作为基层治理参与者的组织，其内部协调会面临其他参与者各种偏好的影响，每一次外部变化又往往会再次启动内部协调，反复协调使得协调成本不断上升。若基层治理所涉及的事务对参与者没有特别显著的利害关系，偏好协调的动力则往往不足。

基层治理共同体内部共识至少涉及三个不同方向的要求：内部公认、合乎外部规范、具有积极向的情操。在小规模共同体内，想得到内部公认就要包容全体，尤其要照顾底层群体的感受和需要，至少让人不明确反对，才能减少矛盾。基层治理的公共性决定了其内部共识必须受到外部规范制约，比如法治规范，科学常识以及人类共识，意识形态政策理论，地方性道德行为规范，祖训家规，人之常情，等等。小规模组织的内部共识一旦与外部规范脱节，便会招致外来力量干预，使其陷入破裂。同时，共同体内外差异容易导致治理成本的向外转移，产生负外部性，危害周边其他共同体，诱发相互倾轧；只有在有正向的情感、情操和品格等的指引下，共同体内部外部方能有机会共生共荣、持续优化。

基层治理共同体内部共识建立在共同体内部对公私

125

两个方面进行的微妙平衡之上。基层治理涉及区县党组织、基层党组织、基层选举、社区议事等各种政治组织和政治生活，涉及人居环境治理、公共空间使用、公共秩序维护等公共事务。基层治理的公共性以及在社区（村）层面提供公共物品的特性，形成了社区（村）层面的"公权力"；而基层治理直接与民众打交道，直接与市场主体、社会个体面对面，又与"私权利"密切联系在一起；二者在基层治理共同体内部的粘接使基层治理呈现公私二元属性，基层治理共同体想要获得广泛认同的内部共识，需要在公与私之间进行微妙平衡。

共同体内部最大共识是基层治理内部优化的基础。特殊个体在小规模共同体的较大影响，决定了基层治理共同体内部不能简单地以"少数服从多数"原则进行治理，需要建立最广泛的联合形成共同体内部最大的共识，同时又要关注极少数人的个人诉求。

建立最广泛的联合，其基础是将社区（村）的活跃分子纳入基层治理体系。如家族族长、生产小组组长、合作社主任、社区网络群主版主等，他们在社区（村）有动员能力，吸收其参与基层治理是建立基层治理共同体最大共识的有效方式。部分社区（村）通过充分吸收活跃分子，基层治理取得了相对成功的经验。例如，湖南省株洲市荷塘区以微信群联盟的方式将辖区微信群主联合起来并引导其服务社区，成立枢纽型社会组织——株洲市大同社会工作服务中心，吸收活跃公益人士，通过组织引导、参与协商、政府购买服务等方式，凝聚基层治理共识。

在基层治理共同体内部凝聚最大共识的过程中，应避免使个体陷入孤立的情况。尤其是共同体内部的极少数个体，当其认为在基层治理共同体内被孤立、压迫，很容易选择在共同体之外进行维权，甚至采用极端手段进行维权；一旦出现此种情形，对基层治理共同体的共识会形成较大冲击。现实中，那些以居民代表、村民代表方式执行多数决定、忽视少数人权利的社区（村），往往只关注"多数共识"而忽略了"最大共识"，看似提高了决策效率，却时常诱发维权行动，在一定程度上反而容易造成共同体内部的撕裂。

"以人民为中心"为基层治理塑造一致性。基层治理面对的多数问题是具体问题、琐碎事务，问题越具体，对问题的认识往往差异越大。参与决策者众多、解决方案多、预期不明确，在复杂问题上难以达成最大共识，是许多基层治理共同体被迫选择依赖多数决定的原因。针对复杂问题一般会有特殊的解决程序，其中最便捷的是把基于具体问题的偏好用更宏观的价值予以统领，化解价值层面的冲突。不同于具体利益指向，"以人民为中心"在基层治理的价值引领中处于宏观的高阶层面，具有公共性，且鲜有群体和个人明确反对，对容易陷入具体利益诉求的基层治理共同体而言，更容易形成内部最大共识。同理，多个基层治理共同体之间，以及具体基层治理共同体与更大的治理共同体之间，缓解偏好冲突，同样需要高阶价值统领低阶价值。在现代政治中，"人民性"是穿透各种共同边界的高阶价值，也是引导各个共同体形成最大共识的共同价值。

"以人民为中心"作为高阶价值，必须与具体情况相结合才能更好地解决问题。基于不同情境下的不同理解，为使基层治理共同体回归"以人民为中心"的价值导向，各级党政机关在指导基层治理共同体的内部治理上普遍比较关注对于异地经验的吸收借鉴，如强调协商与公开相结合的"四议两公开"、强调承诺与行动相对照的"清单治理"、强调基层各行动主体共同行动的"三社联动"等。在基层治理中，传播异地成功经验的群体往往是社区（村）中的精英群体，吸收精英群体参与社区共建共治也成为打造基层治理共同体的常见措施。

"以人民为中心"为基层治理提供治理规约

法治作为国家共同体最大共识为基层治理提供显性规约。对于基层治理共同体而言，人民性不仅体现在"以人民为中心"的价值取向上，而且也体现在人民性的法治遵循上。法治作为国家共同体最大的公共精神，体现人民的公共意志，是国家共同体最大共识的体现，从底限上为基层治理共同体提供基础的稳定的外部环境，对共同体内部的自然人、家庭、法人提供权利保护、行为规范，并穿透共同体边界对共同体行为形成贯穿性规约。正是法治对基层治理共同体边界的穿透，使共同体内部的弱势群体、少数人的权益免受不法侵害；法治以基层治理共同底限的方式，使各个基层治理共同体至少在最低程度上保持其公共性与人民性。

"以人民为中心"的价值诉求，在法治提供底限的基础上，在更高阶的价值层面使得基层治理共同体在品格上保持其内在一致性，并与周边其他共同体之间形成一致性，最终使各个基层治理共同体在追求自身效率与发展的同时兼顾周边，形成共同体生态意识，实现与周边的共同发展。

通过改善基层治理情境对基层治理形成隐性规约。"以人民为中心"以价值引领的方式，调节制度及其运行的重心，进而改善基层治理整体环境以及舆论环境。"以人民为中心"的价值取向在塑造基层治理共同体看待治理情境视角的同时，也塑造着民众对情境的理解角度，引导基层治理共同体内部形成共识。

基层治理是基于情境的治理。基层治理作为小规模公共事务治理，在宏观上受到基层治理共同体自身社会经济禀赋、生产力发展阶段、与城市核心区的距离产生的区位类型、区域社会变迁整体状态，以及地方政府制度惯例和社区（村）风俗习惯等各种现实状态的影响。在面对公共事务和具体问题时，上述因素经过当地民众的再理解，转化为面对具体问题时的条件，成为影响基层治理行动选择的情境。对于同样的情境，采用不同的理解方式、方法、路径，也会得到不同的判断。"以人民为中心"的价值引领，将基层治理共同体与本地民众对基层治理情境的理解收归于公共性范畴，即通过集中本地力量、结合本地情境，解决本地问题。

基层治理情境的复杂性，对基层治理的领导者来说，既是挑战也是机遇，"以人民为中心"在很多时候可以成为推动"情境"转化为"机会"的精神力量。比如，2020年应对新冠肺炎疫情的特殊情境，在某种程度上激活了基层治理共同体"以人民为中心"的意识，将抽象的"以人民为中心"价值理念与立足本地进行基层治理的行动结合起来，既形成了民众高度认同的基层治理共同体共识，也完成了基层治理的行动探索。特殊情境带来的价值具象化是否能够得以持续，对小规模的基层治理共同体而言，取决于其是否能够抓住机会，实现治理水平的提升和转折跨越。比如，基于抗击疫情的特殊行动背景，部分地区自发形成了志愿巡逻队伍，并在疫情缓解后将防疫应急志愿巡逻队伍转化为基层社区志愿者队伍，形成了"平战结合"的志愿者服务机制，将疫情带来的危机转换成了促进基层治理发展的机遇，并推动基层治理水平迈上了一个新的台阶。

"以人民为中心"在引领基层治理的同时改善治理情境，通过治理情境对基层治理活动进行隐形规约，指引基层抓住机遇，转换"治理频道"，提升治理水平。

基层治理结构性因素因嵌入人民性而呈现公共性。党政系统组织架构、社会组织分工以及影响力结构、社区（村）社会资本构成以及基层治理共同体内部的公民参与基础等结构性因素，对小规模公共事务治理的基层治理共同体，都具有潜在的重要影响。这些结构性力量若只从狭隘的自身利益出发干预基层治理，则会导致处于弱势地位的基层治理共同体陷入弱者妥协强者利益的困境之中。只有各种结构性力量从公共性出发，将公共利益放在首位时，基层治理共同体才有机会在具有强势影响的不同利益诉求中寻求平衡。

"以人民为中心"的价值理念通过党建引领，融入基层治理的结构性因素中，使参与基层治理活动的动因、利益指向趋于公共性，兼顾他人的诉求，从而优化了基层治理的深层利益结构。这种源自价值层面动机的变化，使治理结构整体上开始向公共性转型。

为区县政府激励基层民众参与治理提供方向规约。真正的基层治理，只有对美好生活的向往以及基层社区干部参与是不够的，需要激励基层治理共同体所有成员产生内生动力，参与社区（村）层面的共建共治共享。区县政府应在基本公共服务均等化的基础上，以市场化的方式在基层治理共同体之间设置适度差异，激励各个共同体竞争发展。政府部门应利用混合型政策工具，推动人民主体性与自主治理相结合，比较常见的方式是，政府提供项目指南以及激励机制，各个社区（村）自行选择参与竞争。通过在基层治理中凸显公共性，吸引更多的基层力量参与主体治理活动，积极回应多元化的民众需求。从一些成功的地方实践看，区县政府的激励措施通常集中在如下领域。

第一，利用"积分"激励民众参与基层治理。自2014年10月10日青岛市城阳区棘洪滩街道正式推行百姓积分卡项目，激励民众参与基层治理[1]以来，基层治理积分激励机制[2]便在全国快速铺开，目前已成为激励百姓参与基层治理的有效途径。

第二，通过项目制激励社区（村）发展。区县政府通过设定项目，用"以奖代补"[3]的方式，推动引领社区（村）科学发展，服务地方发展大局。

第三，增强社区（村）成员的凝聚力，实现对基层治理共同体的广泛认同。区县政府通过激励差异化创新，鼓励社区（村）创新思路、突出特色，打造特色社区。例如，浙江省安吉县提倡"一村一景"，引导各

① 秦强、翟校义：《对社会建设中百姓积分卡的探索——以Q市J街道为例》，载《信访与社会矛盾问题研究》2016年第5期。

② 《我国推动乡村治理中"小积分"解决"大问题"》，新华网，http：//www.xinhuanet.com/2020－07/28/c_1126296399.htm，2020年7月28日更新。

③ 贺永红：《以新机制助推新农村建设》，载《求是》2006年第16期；贺爱琳：《农村社区建设的基本思路》，载《农村工作通讯》2008年第1期；陈福平：《厦门社区"微治理"》，载《决策》2015年第6期。

村突出自身优势，形成差异化竞争，从而增强各村村民对家园的政治和情感认同；长沙市各区县通过评比社区（村）创新项目，鼓励社区（村）开展特色发展，形成基于特色的共同体认同。

第四，通过公众评价优化基层治理方向。浙江省安吉县定期对各个社区（村）居民满意度进行调查，关注居民、村民通过信访、12345 投诉等渠道反映的诉求，并据此调整和完善基层治理的整体框架和实施细则，从而使基层治理共同体的治理活动更加贴合民众的要求。

第五，进行美德培育。依托基层治理共同体内部相对稳定的社会关系，开展扶危济困以及互助帮扶等活动。鼓励合作社等组织积极吸收贫困村民，鼓励公益慈善将关爱和温暖传递到弱者身边，将个体差异与共同发展巧妙地结合起来。

构筑公共平台，实现社区（村）精英与社区民众的联动。当前，社区（村）内部不同群体之间的分化，对基层治理形成了一定挑战①。一些基层治理共同体以人民主体性为依托，在治理过程中积极推动政务公开，引导社会力量加入社区治理，努力构建基于全体成员的信任机制，弥合基层治理共同体的内部分歧，取得了良

---

① 葛天任：《社区碎片化与社区治理》，清华大学博士学位论文，2014 年。

好成效。比如，浙江省安吉县依托互联网技术，构建社区（村）的村务通公开平台，将"四议两公开"的所有内容通过网络在基层治理共同体内部公开，村民通过手机可以随时查阅有关资料，并随时提出异议，如此一来，就利用共享的网络空间减少了村民与村干部之间的误解。四川省眉山市创新思路，动员各方力量和社会资本共建公共空间。在具体实践过程中，社区提出公共空间的使用需求，区县政府部门、乡镇街道以及社会组织帮助社区进行空间设计，社会力量通过公开竞标等方式公开入驻，开展社会服务、社区服务。这一举措在提高社区的公共空间使用品质的同时，也进一步增进了社区居民间的交流和互信。干群关系、党群关系、邻里关系逐渐融洽，越来越多的居民愿意参与基层治理的各种活动。

党建引领为人民性融入基层治理提供组织保障

治国安邦，重在基层；管党治党，重在基础。加强党建引领下的基层社会治理创新，是推进国家治理体系和治理能力现代化的重要内容。党建引领直接影响基层社会治理的发展方向和工作成效，是推进基层治理现代化的关键所在，也是将"以人民为中心"融入基层治理的组织行动。

人民主体性带动基层治理党政系统参与者向属地化发展。党政系统参与基层治理是"以人民为中心"使命驱动的结果，是执政责任①所在，建立良好的党群关系、政民关系，巩固执政资源，巩固政权的合法性基础，是党政系统的基本任务。尽管党政系统的整体需要与基层对发展与秩序管理的需要具有一致性，但各地党政系统的具体管理者（尤其是"一把手"）在一时一地具体情境下，对于如何理解"以人民为中心"仍会存在一定的差异，加之基层治理共同体本身的差异也要求基层政府结合当时当地现实情况进行判断，因而基层治理在具体行动上往往会出现因人而异的情况。

在社区（村）层面，党政系统参与基层治理，需要具体的公务人员作为执行者将政策贯彻到基层。公务人员在现有制度框架下参与和引导基层治理，可从如下视角对其参与动力进行解释：从政治—行政系统整体逻辑出发，视人民为权力的最终源泉，公务人员在行政管理体系中参与基层治理，源于为人民服务的责任，这个解释与"使命驱动"和"责任所在"是一致的；从行政发包制的角度进行解释，基于"政府内部上下级之间的发包关系"②，地方属地责任决定了地方负责同志将使用行政权力组织公务人员参与基层治理。尽管上述解释在一定程度上回应了党政系统公务人员参与基层治

---

① 《习近平在十八届中央政治局常委同中外记者见面时讲话》，《习近平谈治国理政》第二卷，外文出版社 2017 年版，第 40 页。

② 周黎安：《行政发包制》，载《社会》2014 年第 6 期。

理的动力问题，但从 2013 年之后的基层治理行动看，尤其是十九大之后的基层治理实践，更多的是借助党建引领的方式为基层治理提供组织保障。

党建引领下，在推动基层治理属地化发展，强化党对基层治理领导的同时，也强化了基层群众自治系统的自主治理。比如，强化党对"三农"工作的全面领导、五级书记抓乡村振兴①，这一实践经验也为城市社区治理提供了参照模板。在区县一级，通过干部交流机制，推动基层治理经验的创新传播，进一步优化完善基层治理模式；在乡镇街道，完善乡镇街道公务人员驻村驻社区常态化机制，在社区（村）基层群众自治组织与政府之间构建稳定的组织连接；在社区（村），从社区居民（村民）中选拔党支部书记，进一步拉近党政干部与基层群众的距离，增强基层公务人员参与社区（村）治理的内生动力。

中国共产党为基层治理提供组织保障。坚持以人民为中心，是中国共产党对各级领导干部的一贯要求。习近平总书记在党的十九大报告中指出，"我们党来自人民、植根人民、服务人民，一旦脱离群众，就会失去生命力。"通过自上而下的组织管理系统，将"以人民为中心"的要求传导至基层，形成一以贯之的组织行动。

---

① 《中共中央国务院关于全面推进乡村振兴加快农业农村现代化的意见》（2021 年 1 月 4 日），载《中华人民共和国国务院公报》2021 年第 7 期。

同时，通过党建引领以及"一岗双责"制度，进一步夯实了党对基层工作的领导，为基层治理提供了坚强的组织保障。

在 2020 年的基层选举活动中，各地在既有的基层群众自治选举法律规范的基础上，对社区（村）换届选举候选人提出了"十不准""十严禁"的纪律要求，确保基层选举工作程序规范。浙江省安吉县在换届选举中探索实行"党群双重筛选"，上下互动、层层选拔的基层干部推选方法，把党的基层组织选举与社区（村）选举相结合，通过村党支部书记与村民委员会主任"一肩挑"的方式，将"党纪严于国法"的要求，"以人民为中心"的价值取向，融入基层治理共同体的关键岗位实践。通过对关键岗位人选的管理，使基层治理共同体在具体行动上秉承"以人民为中心"的宗旨，从而为"以人民为中心"提供了组织保障。

"以人民为中心"以高阶价值吸纳社区（村）精英。在实践层面，"领头雁"对基层治理共同体的影响较大。基层治理共同体本身是个小系统，一个优秀的"领头雁"有机会改变一个社区（村）的样貌。因此，激励共同体内部的关键人员发挥精英作用，成为推动基层治理的有效措施。打造一批党性过硬、有乡土情怀、敢作敢为，对社区（村）充满感情的"领头雁"精英队伍，是一些地方基层治理取得成功的重要经验。同时，对社区（村）的精英而言，来自党和政府的认可也是重要的激励机制。一些区县会推选治理成绩突出的社区（村）精英进入街道乡镇党工系统工作，为其提供更广阔的发展空间。

志愿者、社会工作者、新乡贤[①]作为社区（村）中的活跃人员，诉求多元、联动性较强，对于"以人民为中心"的基层党建思路通常具有高度的认同；以党建引领志愿者等群体参与基层治理工作，积极投身面向社区、贴近民生、服务居民的实践活动，有利于吸纳具有不同诉求的社区精英，团结更多的社区精英参与基层治理服务。比如，号召社区中的活跃分子成立社区组织，通过社区基层党组织的教育引领，实现对社区活跃分子的价值引领，使其在发挥自愿精神和提供公共服务的同时，获得社区更多群众的认同。湖南省株洲市通过枢纽型社会组织引领志愿者参与公共事务，创建辖区内的微信群群主联盟将辖区内各种微信群的活跃分子联合起来，并积极引导其开展公益活动。

随着我国早期大学生以及第一代创业的企业家步入退休阶段，基层治理也将迎来具有社区认同的"新乡

---

① 王先明：《"新乡贤"的历史传承与当代建构》，载《光明日报》，2014年8月20日第1版；闻之：《发挥"新乡贤"引领作用》，载《农民日报》，2014年10月15日第3版；付翠莲：《我国乡村治理模式的变迁、困境与内生权威嵌入的新乡贤治理》，载《地方治理研究》2016年第1期；颜德如：《以新乡贤推进当代中国乡村治理》，载《理论探讨》2016年第1期。

贤"精英的回归。以此为契机，基层治理能力和水平在党建引领下，可能迎来更大的提升。

结　论

提升基层治理水平有赖于实践的创新和各项措施的落地实施。基于基层社区（村）的多样性以及其自主治理的特性，当前区县政府主要通过价值引领与混合型政策工具激励机制，推动基层治理工作水平的提升。党建引领把"以人民为中心"的价值理念镶嵌进基层治理的各项活动中，为复杂多样的基层治理活动提供共同的价值理念，为基层治理共同体提供共建共治共享的价值指引。

社区（村）作为小规模的公共治理系统，不仅个体影响力较为显著，而且也容易陷入集体行动的困境之中；社区（村）的精英群体是克服集体行动困境的关键力量。在公私二元属性相互粘接的基层治理中，如何让精英带领群众共建共治共享，进一步强化党建引领，围绕中心、服务大局，在推进基层治理中体现更大担当、发挥更大作为，同时提升其他各方参与者的自我荣誉感、组织认同感、道德成就感、社区归属感，是提升基层治理能力和水平的关键。

（作者：翟校义，中国政法大学政治与公共管理学院教授。原文载于《人民论坛·学术前沿》2021年第Z1期。）

做好"送上门来的群众工作"

王 凯

习近平总书记在 2022 年春季学期中央党校（国家行政学院）中青年干部培训班开班式上强调："信访是送上门来的群众工作，要通过信访渠道摸清群众愿望和诉求，找到工作差距和不足，举一反三，加以改进，更好为群众服务。"信访工作具有回应性、参与性、协商性等特点，是走好群众路线的重要内容。

在我国，信访制度是公民表达民意诉求的重要渠道。日常运行中，除来信来访方式外，各级党委和政府普遍建立党政领导阅批群众来信制度、定期接待群众来访制度、领导包案制度和领导下访制度，还开通了网上信访机制，优化了 12345 政务服务便民热线。这些信访工作方式畅通了民意表达渠道，有利于信访人及时便利、低成本、高效率地提出信访事项，表达诉求。通过信访工作及时回应各类民生需求，能有力推动社会矛盾问题有效解决。

群众可通过信访渠道提出意见和建议，参与国家法律政策的制定和实施。如北京、上海等地的信访机构都建立专门的人民建议征集部门，依法接收办理民众对于公共事务的意见和建议。2021年6月，上海市人大常委会表决通过《上海市人民建议征集若干规定》，推进人民建议征集制度的健全完善。在当代中国，信访制度体现了公民的知情权、表达权和参与权，建立了广覆盖、常参与、见实效的有序参与渠道。

做好信访工作，有助于打造具有中国特色的协商民主治理机制。近年来，各地积极推进信访制度的创新完善，一个重要特点是发挥协商民主在基层社会矛盾治理领域的作用。如浙江温岭市的民主恳谈制度、浙江海宁市的"信访评议团"制度、广东深圳市龙岗区的"信访评理团"制度等。这些创新举措通过搭建协商民主的平台，寻找最大公约数，推动各种问题的解决。

《中共中央关于党的百年奋斗重大成就和历史经验的决议》指出："完善信访制度，健全社会矛盾纠纷多元预防调处化解综合机制"。持续推动信访制度的创新发展与完善，真正把解决信访问题的过程作为践行党的群众路线、做好群众工作的过程，就能更好贯彻党的群众路线，更好为群众排忧解难。

（作者：王凯，中国行政法学研究会信访法治化专业委员会。原文刊载于《人民日报》2022 年 3 月 21 日第 5 版。）

激活信访的"智库效能"

王　凯

　　信访是我国国家治理的重要反馈机制，是中国特色社会主义民主政治制度有益补充，堪称了解群众期盼、总结为政得失的一面"镜子"。近年来，各级信访机构建立健全网上办公系统，将各类信访信息及时录入系统，在日积月累中形成了数据庞大的动态数据库。这些数据，涉及城乡建设、城市管理、"三农"问题、劳动就业、住房问题、社会保障、教育文化、医疗卫生和环境保护等多领域问题，覆盖当前社会热点难点问题，具有一手性、动态性，是各类矛盾的现实"缩影"。从这个角度讲，读懂信访数据有利于较为稳妥地化解治理风险与挑战。

　　透过信访信息，能把握公共政策制定、执行中的得失。公共政策制定得不合理、执行得不到位、协调得不顺畅，往往是引发信访事项的重要原因。实践中，有些公共政策较多地注重促进经济发展而忽略了社会公平正义；有些政策缺乏连续性和稳定性，没有形成科学合理的政策体系；有些政策缺乏配套性和协调性，没有形成损益补偿等衔接和配套机制……这些，容易在现实层面积累一些矛盾或问题。借助信访数据采取针对性强的改革举措，有利于推动决策科学化、民主化，推进治理创新与完善。

透过信访信息，可体察出立法、执法和司法中的得失。分析信访数据和信息，相当于从一个方面打开了法治中国的量化窗口，不难发现：在立法领域，仍存在部分缺失、滞后，以及程序瑕疵等问题；在执法领域，有法不依、执法不严、违法不究的问题还未完全解决，行政机关未能有效落实依法行政仍是深层原因；在司法领域，利益表达机制还有待健全，公信力仍需进一步增强。关注信访反馈机制，从信访窗口管窥法治进程的得失，准确地把握当前的改革进程，有利于弥补缺漏，推进法治中国建设不断前行。

透过信访信息，能洞察社会心态的特点及趋势。作为社会情绪的"解压阀"，信访能直接反馈社会的"显性需求"，它一般表现为利益受损引发的新主张，并试图寻求救济。值得关注的是，通过数据技术还可以洞察"隐性需求"，而它往往具有隐蔽性、广泛性和积累性等特点,是社会治理的难点。通过建立在大数据基础上的"智慧信访"人工智能分析平台,能实现对民众的情感倾向分析,可深入挖掘社会的"隐性需求",从而预警社会情绪的积聚,有利于从源头上采取有效措施,及时防范和化解潜在的社会矛盾。

时代在发展、形势在变化,从国家治理现代化的高度审视,信访绝不是包袱,而应被视为宝贵的制度资源。这一自下而上的特殊机制,是治理体系中反馈风险的重要机制。从某种意义上说,信访具有辅助决策咨询的智库性功能。如北京市成立信访矛盾分析研究中心,积极推动信访从表层汇总向深层剖析、从实务操作向理论研究、从参与保障向服务决策的转变。展望未来,信访工作必将摆脱传统模式,充分发挥治理体系重要反馈机制的价值作用,进一步向高质量发展。

(作者:王凯,北京市习近平新时代中国特色社会主义思想研究中心。原文刊载于《人民日报》2019 年 8 月 26 日第 5 版。)

信访是公共政策的温和负反馈机制

翟校义

在人为系统中，政府是最庞大的组织系统，政府管理社会的最主要工具是政策，政策的反馈机制就显得尤为重要。其中，负反馈机制是政府管理及政策系统运行的关键。

一、负反馈是政府管理及政策系统运行的关键

1. 反馈是系统自我控制、自我调节、自我完善的基本要求

在管理系统中，管理的纵向权力结构以及效率原则，决定了管理者永远比被管理者少，同时也决定了管理者不可能时时处处跟着被管理者进行管理。管理者只能通过抓目标、抓方向、抓原则、抓关键等措施进行管

理。尤其是在大型的组织系统中，高层管理者与底层的被管理者之间往往存在较长的管理链条，呈现为某种分离状态。反馈机制在管理系统，尤其是在大型组织中，就成了系统实现自我控制、自我调节、自我完善的关键机制。

2. 负反馈是政策系统控制的核心概念

1952年控制论的创始人维纳在一次演讲中提出："必须存在着一个有效的机制，使得对任何正常状态的严重偏离都会产生一个要把种种条件恢复正常的过程。这个过程所选用的名称叫做稳态。""这种机制叫做负反馈机制；它之所以叫做负的，是因为它在演绎中会产生一个可以消除原先误差的效应。"从此，系统的信息反馈被分为两种：一种是正反馈，一种是负反馈。一个系统的自我调节要依赖更多的负反馈，而不是正反馈。负反馈是系统运行中获得修正系统运行的关键信号，告诉系统运行过程偏离设计轨道的状态。

在政府管理、政策制定与执行系统中，所谓的正反馈，就是通常所说的"报喜"，是一种显示要强化既定目标、沿着既有方向、加大既有步伐的反馈信息。所谓负反馈，即通常所说的"报忧"，是提示领导现有的状况可能某些地方出现了偏差，需要进行研究，调整既有步伐、节奏，适当调整政策措施、工作重心及方向，甚至调整既有目标，以便缩小或消灭在复杂环境中实际工作与既定目标的差距，也就是中国共产党所践行的

"实事求是"的一种体现。两种反馈对领导者来说，都十分重要。

对政府政策体系而言，正负反馈的背后具有更深刻的合目的性价值选择含义。在政策体系中，合目的性有两个层面：一个是政策制定者的目标，一个是社会整体发展目标。后一个目标在整体上统领前一个目标，但前一个目标在常态的权力结构和政府管理活动中经常居于主导地位。尽管在多数时候，两个目标是接近的，甚至是一致的，但两个目标结构本身，加上管理者的注意力变化，会使政策体系中的反馈出现反转现象，即在一个层面上看是负反馈，在另一个层面上看是正反馈的特殊现象。即使如此，负反馈依然是政策体系进行系统控制的核心。

3. 政策负反馈的主要功能

从宏观意义上讲，政策负反馈具有两个典型功能：第一个是可以帮助政策制定者时时处处关注政策原初制定的目标，检视具体的政策在整个政策系统目标体系内的位置，避免政策在运行中跑偏。第二个是帮助政策制定者时时处处想着政策的社会含义、政策的社会影响。在具体的政策中，做到实事求是、求真务实。

从政策制定与执行微观方面来看，负反馈可以帮助制定者在政策执行过程中看到在制定过程中看不到的瑕疵。政策很难说没有瑕疵，但瑕疵在哪里并不容易找到，只有在执行过程中，通过负反馈发现。通过负反馈信息，决策者可以时常帮助检验决策目标是否合乎现实情况，行动方案是否符合实际，帮助决策者进行追踪决策、修订既定方案。

在工作方法上，负反馈可提醒领导者从多角度思考问题，从下级、群众的角度思考问题。政策制定出来就要层层贯彻，逐级执行。下级、群众等政策对象对政策的不满都会通过负反馈显示出来，政策制定者可以在负反馈中发现所涉群体对政策的真实反应。

在工作机制上，负反馈能够帮助实现逆向监督，形成良好的上下级关系、党群关系、干群关系。

强调政策负反馈的功能，并不是说决策者要被负反馈左右，而是增加一个了解实际情况的通道，对负反馈要进行分析，看看是否符合政治正义、法治正义及社会正义。

二、政策系统中负反馈的常见形式及应对

政策负反馈具有两种形式：一种是显性纠正需求，呈现为明显的错误纠正活动、甚至是对政策的明显反弹，这种负反馈很直接，很容易感受到问题所在，因此也容易使人反感。另一种是隐性纠正需求，常见表现为政令不畅、民众对政策的信赖度下降、政策响应消极冷漠，这种不直接的负反馈不易让人察觉到问题究竟出在哪里。

政策负反馈主要发生在上下级政府、政府部门与政

府部门、上下级公务员以及政府与民众的互动关系中。下级政府、政府部门、公务员、民众感受到政策存在问题，并提出不同意见，有些是请示，有些是建议，有些是诉求。

在发生方向上，既有自下而上的，也有自上而下的。自上而下的负反馈主要指上级通过互动——常见的是调查研究、征求意见，发现问题，对政策执行进行的各种指导和纠正，甚至是调整政策方案。由于是上级主动去发现问题、分析问题，是决策者对政策体系整体目标和社会系统整体利益的关注，相对于大的系统而言是负反馈，在工作中，一般不被称为负反馈，而称其为调查研究。

自下而上的负反馈是最常见、最典型的负反馈。在我国，政策系统自下而上的体制内的反馈机制主要表现为各种动态清样、内参、专家建言、研究动态以及监察监督等。体制外的负反馈来自社会微系统中，除少量社会组织外，多数都呈现为不稳定的实体，甚至是分散的个体，难以进行体制化。因此，有时会表现出相对极端的形态，如跳楼、跳塔、自杀等个体极端维权事件，群体性事件，罢工、游行示威，甚至是社会运动。相对温和的形态是信访，尤其是群体访、联名信。从政治上讲，信访是党和政府联系人民群众的桥梁和纽带，是接受人民监督的渠道。从负反馈的角度来讲，信访是通过体制内的工作、以体制内的方式接纳体制外的负反馈的渠道。

一般而言，体制内的反馈机制中正反馈居多，负反馈偏少。体制外的机制，负反馈偏多正反馈偏少，利益受损者希望通过负反馈解决问题。

对于政策负反馈，常见的应对方式有：第一种是解释、引导、强调。政策制定者在仔细衡量负反馈提出的各种意见建议和诉求，认为政策目的准确，方案合适，需要强化执行，通过强化执行，优化执行措施减少负反馈。第二种是通过协商沟通，对政策进行解释，阐明施行该政策所想要达到的目的，对问题进行确认，对状态进行核实。第三种是变革，对原有的政策进行调整，甚至终结停止。第四种是政策反馈，在政策制定者权限有限的情况下，将负反馈的要求整理、确认并向上级请示。

三、信访是有价值的政策负反馈

1. 信访是对公共政策的温和的负反馈

从国家治理体系看，信访是党和政府化解社会矛盾的兜底机制。各种各样的社会矛盾和利益诉求，其他法定途径都不予受理的时候，信访工作机构代表党和政府对其进行受理，是一种兜底机制。这个特点决定了信访工作将面临各种难以预料的边缘性问题，也会面临长期制度性难题。政府、信访工作机构及其工作人员会面临各种复杂困扰。

尽管如此，信访刚好反映的是政策制定或执行过程中，那些自认为利益受损的人的诉求。在现实的信访中，绝大部分信访与政府的政策、政府官员的政策执行行为有关系。这一现象反映出信访实际上是公共政策的一种负反馈。

尽管信访对不同层级的政府信任度存在差异，有向上越级访的冲动，会对治理秩序造成压力，但仍然还在信赖政府、依靠政府的范围内。相对于其他体制外的负反馈而言，总体上是温和的。

2. 信访是真实的负反馈

由于信访是反映利益受损者的诉求，不解决实际问题，信访人不会轻易放弃自己的诉求，政策的负反馈就不会轻易改变和消失。

信访的数据和信息具有一手性，是民众利益诉求的直接表达，具有真实性。信访作为公共政策的负反馈机制，其真实性值得高度关注。

3. 信访信息分析是关键

作为政策负反馈的信访信息，有一个典型的缺陷，就是高度碎片化，诉求指向各异、人员分散与重叠共存，很容易被仅仅当作具体的事项，按照一事一议进行处理，忽略信访背后所反映的政策问题。

从现有的制度看，体制内专门体现政策负反馈的制度性安排的，只有信访制度。但如何充分运用好信访这个特殊的政策负反馈机制，不仅是要优化工作这么简单，更重要的是对信访进行数据分析，在纷繁复杂的信访信息中发现信访背后的政策问题，才能帮助公共政策进行优化、适应、完成稳态。

幸运的是，现代信息技术为发现信访作为政策负反馈背后的规律和共同指向提供了可能，尤其是互联网、大数据、人工智能为精准分析信访提供了可能性。

四、正确对待负反馈是负反馈信息价值发挥的条件

1. 充分理解把控负反馈的难度

由于信访人经常使用传播媒介，很容易吸引社会注意力，因此，信访人的负反馈的可控性不强。

对于公共政策系统而言，政策子系统经常垄断政策问题的处理，比如：涉及某个领域的政策经常由几个部门、甚至个别部门内部操作就可以控制。而信访经常是将问题从政策子系统内部转化为宏观政治问题，并伴随着政治动员、社会注意力聚焦、媒体应对等政策子系统的外部干预。

尤其是伴随着互联网、自媒体与社交媒体的发展，所谓的共同政治愿景、垄断的政治资源，都会在媒体注意力与民众的注意力下，被重新解构，导致与原有的政策操作模式不一致，使政策的具体操作出现断裂，这是政治家、领导者甚至是一般的公务员都不愿意看到的景象。

2. 消除负反馈不可控的常见方式

政策负反馈在某种意义上是政策制定与执行的问题，这类问题其实是可以缓解的。而对于那些难以预见的复杂政策环境导致的负反馈，社会对政府的能力有限其实是理解的。因此，缓解政策制定与执行的问题是消除负反馈不可控的关键。常见的方式有：

先协商再决策。决策前进行充分讨论，尤其是吸收社会公众参加讨论，可以大量减少因决策前讨论不充分导致的负反馈。

多征求基层意见。"群众在大街上感受政策"，而在大街上接触群众的是基层政策执行者。决策前、私下里、非正式场合，基层的政策执行者往往没有这样的机会接触领导者，久而久之，基层意见就看不到了。这就要求领导要多接触基层，尤其是对基层的意见要更宽容。

充分利用社会自平衡自适应的力量。政府面对信访负反馈，需要衡量信访诉求是否合理的时候，不是政府自己判断，而是把判断权返还给社会，充分利用社会的自平衡自适应机制，让社会形成自己管理不当的信访诉求，进而控制不当信访行为，增强政策负反馈的有效性。

在确因前期研究不充分或因执行行为出问题导致出现负反馈时，政府需要坦诚直面问题，"人非圣贤，孰能无过"，出现问题能坦诚面对，就能获得社会理解。

尤其是进行批评与自我批评，往往能获得社会信赖。

3. 以成熟稳健的政治心态面对负反馈

面对政策的负反馈，需要有高度成熟的政治心态。古人在谈论这个问题的时候讲"忠言逆耳"，中国共产党人在讲这个问题的时候，提出"言者无罪，闻者足戒；有则改之，无则加勉"。作为检验政策得失的一面镜子，负反馈对从政者既是一种历练，也是避免政府机会主义的一个警钟。

古人云：不谋万世者不足谋一时，不谋全局者不足谋一域。面对政策负反馈，从更广阔更长远的视野看，负反馈是具有正功能的。具有广阔视野、长远眼光的领导者，面对负反馈，既认真又坦然。以成熟稳健的政治心态面对负反馈，负反馈的真正正面价值才能发挥出来。

（作者：翟校义，中国政法大学政治与公共管理学院教授。原文刊载于《信访与社会矛盾问题研究》2020 年第 2 期。）

坚持发展新时代"枫桥经验" 有效预防化解基层信访矛盾纠纷

王　凯　王海芸

　　基层强则国家强，基层安则天下安。党的二十大报告提出，在社会基层坚持和发展新时代"枫桥经验"，完善正确处理新形势下人民内部矛盾机制，加强和改进人民信访工作。

　　新形势下，基层信访矛盾纠纷的主体和诉求日益多元化，涵盖社会保障、教育文化、医疗卫生、城乡建设、三农问题、劳动就业、住房问题、环境保护、虚拟金融等多元领域问题，体现当前我国基层民众的基本民生诉求。同时，民众的信访方式也走向网络化、信息化，民众的信访方式日益从传统的纸质书信、来访等，走向更多地使用电子邮件、微信、微博等网络信息渠道来表达信访诉求。此外，基层民众通过信访渠道参与公共治理的意愿不断增强，越来越多的民众通过信访渠道对政府公共政策主动提出建议对策。

近年来各地积极探索创新，在社会基层坚持和发展新时代"枫桥经验"，努力把各类信访矛盾化解在早、化解在小、化解在基层，千方百计为群众排忧解难，探索形成了新时期有效预防化解基层信访矛盾纠纷的治理经验。

纲举，方能目张。基层信访矛盾纠纷治理得好不好，关键在基层党组织、在广大党员。坚持和发展新时代"枫桥经验"，必须坚持和加强党对基层信访工作的全面领导。2022 年，中共中央、国务院颁布了《信访工作条例》。新颁布的《信访工作条例》深入贯彻习近平总书记关于加强和改进人民信访工作的重要思想，进一步明确了党领导信访工作的体制机制，完善了信访工作责任体系和保障措施，实现了党对信访工作领导在各个领域的全覆盖，理顺信访工作体制机制，推动了新时期信访工作的创新发展。有效预防化解基层信访矛盾纠纷，应深入贯彻落实《信访工作条例》，加强党对基层信访工作的全面领导，不断把基层党组织的政治优势、组织优势转化为对基层信访矛盾纠纷的治理效能。

大国之大，也有大国之重。千头万绪的事，说到底是千家万户的事。以人民为中心思想铸就"枫桥经验"不朽灵魂，坚持和发展新时代"枫桥经验"，必须全力保障维护群众的各项权益，彰显信访工作的人民权益保护属性。一方面，应强化基层信访工作的回应性，持续畅通信息网络、书信、电话和走访等多元利益诉求表达渠道；另一方面，还需关注基层信访工作的参与性，发挥基层民众通过信访渠道参与公共治理的正向效应。应重视发挥信访人民建议征集等渠道的正向治理效用，助力信访与社会风险的预警和源头预防，推动基层信访矛盾纠纷的有效预防化解。

基层治理，为之于未有，治之于未乱。新时代"枫桥经验"作为中国共产党领导人民群众创造的卓有成效的基层社会治理方式，将矛盾纠纷源头治理置于推进基层治理现代化的前沿位置。新形势下，应积极打造具有时代特征的基层信访矛盾纠纷源头预防机制。应健全完善矛盾纠纷排查化解工作机制，发挥好领导干部接访、下访、约访的作用，统筹各方资源力量推进矛盾化解，切实把矛盾化解在基层萌芽状态。大力推广在乡镇（街道）建立信访工作联席会议制度，不断提升基层信访工作治理效能。如浙江绍兴市信访局以"最多访一次"改革为牵引，实体化运行信访工作联席会议机制，高质量建设村级网格化治理平台，打造源头防范的"前哨所"，形成了"县、镇、村、网格"四级上下贯通、左右联动的县域信访和社会矛盾纠纷调处化解工作体系，让群众遇到问题"最多跑一地"，真正实现了"大事不出村、矛盾不上交"。

互联网时代,社会主体在虚、实两个空间中不断切换,带来新的不确定因素,增加基层信访矛盾纠纷治理的难度。"枫桥经验"在不断转型升级过程中,适应信息化时代的需求,探索构建联动融合、开放共治、数据驱动的"互联网 + 社会治理"新模式。坚持和发展新时代的"枫桥经验",应积极构建具有中国特色的基层信访纠纷多元化解机制。积极运用大数据、人工智能技术,打造新时期"智慧信访"工作模式;应推动信访与诉讼、复议、仲裁和调解等机制的有效衔接,吸纳律师、心理咨询师、社会工作者、志愿者等多元主体参与信访问题的解决;还应积极使用信访听证、信访公众评议等机制,综合运用法律、政策、经济、行政等手段和教育、协商、疏导等办法,多措并举化解基层信访矛盾纠纷。近年来,各地积极探索创新基层信访问题的多元化解机制,一个重要的创新动向是重视发挥乡规民约、协商民主等机制的作用,从而破解一些基层疑难信访矛盾"终而不结"的问题,如广东深圳市龙岗区的"信访评理团"制度、浙江海宁市的"信访评议团"制度等。当前,基层信访问题多元化解机制的广泛运用,成为具有中国特色的基层社会治理创新实践的新拓展。

新时代"枫桥经验"是一个党建引领、各类组织积极协同、群众广泛参与治理,自治、法治、德治相结合的基层治理体制和治理能力现代化的经验。有效预防化解基层信访矛盾纠纷,就必须坚持和发展新时代

"枫桥经验"，坚持和加强党对信访工作的全面领导，彰显基层信访工作的人民权益保护属性，持续优化预防化解基层信访矛盾纠纷的体制、机制，探求多元基层信访矛盾纠纷的治本之策。

（作者：王凯，北京市习近平新时代中国特色社会主义思想研究中心特约研究员、《信访与治理研究》刊物执行主编；王海芸，北京市习近平新时代中国特色社会主义思想研究中心特约研究员，北京市科学技术研究院创新发展战略所副所长、研究员。原文刊载于《人民政协报》2023年8月8日第3版。）

人民建议征集制度的现状及特性研究

——以北京市的运行实践为例

王　凯　李程伟

摘　要： 人民建议征集制度是具有中国特色的全过程人民民主的重要环节和制度安排，具体体现执政党"人民中心"的价值诉求和中华传统文化对"民心民意"的敬畏与尊重。本文在对人民建议征集制度发展历程进行简要梳理的基础上，对北京市人民建议征集制度的运行实践进行了实证面述；借助2009—2018年的一手数据，对人民建议征集制度的特点进行了定量分析和概括，其集中体现为公民参与意识的增长、信息技术运用的增速、与民生政策的相关性，以及社会矛盾风险的预警功能等。以定性和定量的观察与总结为基础，论文对人民建议征集制度设置的发展走向给出了相应的政策建议。

关键词：人民建议征集　利益表达　信访

引　言

信访工作是党的群众工作的重要组成部分，是党委政府了解社情民意的重要窗口，是修正和改进党委政府工作的重要反馈机制。公民、法人或者其他组织采用信息网络、书信、电话、传真、走访等形式，向各级机关、单位反映情况，提出建议、意见或者投诉请求等，均属于信访范畴，有关机关、单位必须依规依法进行回应和处理。在现行的信访工作体系中，人民建议征集是其不可或缺的重要组成部分。中共中央、国务院联合颁布的新的《信访工作条例》第二十九条第三款明确规定："各级党委和政府应当健全人民建议征集制度，对涉及国计民生的重要工作，主动听取群众的建议意见"。在这一制度设计的背景下，各级党委政府需要进一步改革完善其人民建议征集工作制度，以为人民群众有序的政治参与和全过程人民民主提供方便和有效的路径和渠道。首都北京作为全国的政治中心、文化中心、科技创新中心和国际交往中心，其在信访工作创新和人民建议征集方面的探索性实践具有典型性和代表性，对其进行一定的观察、调查和学理探讨是很有必要的。

一、演进历程及制度规范

(一) 人民建议征集制度的产生及演进

在我国民主法治建设的进程中,人民建议征集是一个相对较新而又具有生命力的工作制度。它肇始于中央民族大学 1984 年历史系毕业的杰出校友马弘毅先生。马先生自大学期间即对人民建议征集的理论与实践问题兴趣浓郁,工作以后几经工作单位变换始终初心不改。1988 年,这位在建设部体改法规司工作的普通回族干部,首倡创立"人民建议征集制度"①,随即引起党和政府及社会各界人的热切关注。对这项制度倡议,马弘毅本人当时有一段非常到位的论述:"为了健全社会主义经济管理,加强和完善我们的政治民主制度建设,把根源于人民群众之中的那些好思想、好主张、好措施等方面的建设性意见集中起来,除了继续发挥国家最高权力机关——各级人民代表大会行使有关职能外,还应该广泛建立实施'人民建议征集制度'。我们应该把此项制度作为中国特色的社会主义的一项重要的配套政治制度,通过人民代表大会或其常委会,在法律上予以确定,切实地实施,凝聚全民的力量,把中华民族的改革

---

① 康坤鹏:《我国人民建议征集制度的演变》,载《云南社会主义学院学报》2014 年第 4 期。

开放大业继续推向前进"。①

　　在现实实践中，山西省是最早建立人民建议征集制度及相应的工作机制的省份。1988 年 2 月 22 日，山西省人民政府公开发布《关于建立征集人民群众建议制度的决定》，宣布建立征集人民建议制度，并成立山西省人民政府群众建议征集处，这是新中国历史上第一个公开向公众征集建议的政府机构。② 此后，北京、重庆、河北、黑龙江、江苏、江西、安徽、新疆等省、自治区、直辖市，以及哈尔滨、郑州、杭州等省会城市及一大批地、市、县等，都陆续建立人民建议征集制度和工作机制。其中，较有代表性的是北京、上海等地的人民建议征集实践创新，在日常运行中也取得了较好的工作成效，这与其分别承担的国家政治中心和经济中心的地位也是相称的。1991 年 9 月 5 日，北京市正式成立"北京市人民政府人民建议征集办公室"，作为北京市委市政府信访办公室的一个内设处级单位，由北京市政府一位副秘书长直接联系。在随后的发展进程中，北京市人民建议征集办的机构设置也有调整变化，基本保持作为北京市一级信访机构的处级内设部门的设置。以其

　　① 夏欣欣：《试论人民建议征集制度的历史沿革》，载汤啸天主编《人民建议征集制度探索》，上海人民出版社 2017 年版，第 165 页。

　　② 黄宏：《同名机构 20 多年前就有了 上海为何上周才揭牌成立？》，载《浙江新闻》2020 年 7 月 21 日。https://zj.zjol.com.cn/news.html？id=1489598

为平台和载体，北京市人民建议征集的工作机制开始比较顺畅地搭建和运行起来。2011 年 10 月，上海市信访办成立人民建议征集处。① 2020 年 7 月 17 日，上海市人民建议征集办公室揭牌成立，上海市人民建议征集办主任为时任上海市信访办主任。其机构和机制的设置规格相对北京要更高一些。

（二）人民建议征集制度的制度依据

作为改革开放以来，一项重要性和紧迫性凸显的政治发展机制，人民建议征集工作需要有比较扎实的制度和法律法规依据。现概括如下：

一是宪法依据。人民建议征集工作的宪法依据首先在于《中华人民共和国宪法》"总纲"第 27 条第 2 款："一切国家机关和国家工作人员必须依靠人民的支持，经常保持同人民的密切联系，倾听人民的意见和建议，接受人民的监督，努力为人民服务。"其次，《中华人民共和国宪法》第 41 条规定，"中华人民共和国公民对于任何国家机关和国家工作人员，有提出批评和建议的权利"，这也为人民建议征集工作及其制度的设立提供了宪法支撑。

二是地方性法规和政府规章。迄今为止，全国人大

---

① 《两年来群众建议超 16 万件，在上海人人可以参与城市治理》，载《澎湃新闻》2022 年 9 月 20 日。https：//baijiahao. baidu. com/s？id = 1744492142621732738&wfr = spider&for = pc

还没有制定有关人民建议征集制度的法律规范。目前，全国很多省、自治区、直辖市和一些地级市的人大及政府制定和颁布了与人民建议征集相关的法规规章，这些地方性法规和政府规章成为地方上人民建议征集工作开展的重要法律依据。在地方性法律规制方面，上海市是最有代表性的。2021 年 6 月上海市人大常委会表决通过《上海市人民建议征集若干规定》，为首部省级人大为人民建议征集制定的地方性法规。① 就相关的政府规章而言，1999 年 10 月重庆市人民政府发布的《重庆市人民建议奖励办法》、2009 年 2 月哈尔滨市人民政府发布的《哈尔滨市人民建议征集办理奖励办法》等具有一定的典型性和代表性。

三是党和政府的规范性政策。就中央层面来说，2007 年颁布的《中共中央、国务院关于进一步加强新时期信访工作的意见》明确要求，"要建立健全人民建议征集制度，切实保障公民的知情权、参与权、表达权、监督权，引导人民群众对党和政府的工作积极献计献策，鼓励和支持人民群众依法参与国家事务管理。"2022 年中共中央、国务院《信访工作条例》更是以党内法规和行政法规的形式对人民建议征集制度作出较为详细的规定："对信访人反映的情况、提出

---

① 王凯：《做好"送上门来的群众工作"》，载《人民日报》2022 年 3 月 21 日第 5 版。

的建议意见类事项，有权处理的机关、单位应当认真研究论证。对科学合理、具有现实可行性的，应当采纳或者部分采纳，并予以回复。信访人反映的情况、提出的建议意见，对国民经济和社会发展或者对改进工作以及保护社会公共利益有贡献的，应当按照有关规定给予奖励。各级党委和政府应当健全人民建议征集制度，对涉及国计民生的重要工作，主动听取群众的建议意见。"这一条例从全国层面进一步明确以建立人民建议征集制度的形式，推动人民建议征集工作及其机制的发展。

在现实实践中，各级政府的规范性文件虽然法律效力较弱，也是人民建议征集工作运行的重要依据，如2014年4月北京市政府办公厅发布的《关于进一步加强人民建议征集工作的意见》，2000年6月杭州市人民政府办公厅发布的《杭州市人民建议征集和奖励的实施意见（试行）》等。此外，还有地方党委和政府（或其办事机构）联合发布规范性文件，如2000年9月厦门市委市人民政府联合发布《厦门市人民建议征集实施办法》，以为当地人民建议征集制度的搭建和工作的开展提供必要的制度遵循和规范指引。

二、北京市人民建议征集制度的运行实践

纵观全国的人民建议征集工作的发展历程和现状，北京市人民建议征集机构及制度的设立时间较早，其具

167

体的运行特点可归纳如下：

（一）机构设置

北京市政府办公厅发布的《关于进一步加强人民建议征集工作的意见》的规定，北京市政府人民建议征集办公室"负责统筹、协调、指导全市人民建议征集工作，市政府各部门要结合实际明确承担人民建议征集工作的人员，各区县政府要明确负责人民建议征集工作的机构和人员"。目前，北京市人民政府人民建议征集办公室是北京市一级负责人民建议征集的职能机构，为北京市信访办公室下属的一个处室。在市级层面，在一些职能部门如北京市公安局、北京市民政局等设有人民建议征集工作的联络员。

在北京市的 16 个区中，一些区设置专门负责人民建议征集的职能机构，如北京市海淀区信访办加挂海淀区政府人民建议征集办公室的牌子，并安排专人负责人民建议征集工作；还有一些区没有设置专门负责人民建议征集的职能机构，仅安排相应的工作人员负责人民建议征集工作，如北京市怀柔区由怀柔区信访办接访办信科的工作人员具体承担区政府人民建议征集办公室的人民建议征集工作。

目前，在北京市的人民建议征集工作体系中，北京市一级的人民建议征集办公室居于运行中心和枢纽地位，是北京市人民建议征集工作的汇聚处理平台和主要推动部门。

（二）机构职能

北京市政府人民建议征集办公室的主要职责为负责征集、办理对本市政治、经济、文化、社会和生态文明建设等各项事业发展的重要建议。负责收集、整理、报告市内外群众、境外人士、法人及其他组织通过来信、来访、来电和电子邮件等方式对市委、市政府工作提出的重要建议。其建议的主体做到了全覆盖，其运行流程基本上做到了全链条。

（三）运行机制

北京市一级人民建议征集的运行机制主要由如下前后相继的环节和子机制构成：

一是建议征集。在日常运行中，在收到民众通过信访渠道主动提交的大量建议和意见之外，北京市人民建议征集机构还通过如下方式引导民众围绕政府的重大决策或项目提交各类建议和意见：

（1）日常征集。每年年初根据本年度中心工作确定征集议题，征集人民建议。

（2）专项征集。在涉及公共利益和民生问题的重大决策出台前以及针对群众反映的突出问题，专项征集人民建议。

（3）实事征集。根据市政府办公厅统一部署，开展年度北京市政府为民拟办重要民生实事的征集活动。

（4）特邀建议人报送建议。

（5）上级单位交办的建议。

二是建议办理。具体包含如下步骤和要求：

（1）人民建议征集工作机构收到人民建议后，应按照建议内容分类登记。登记内容：建议人姓名、地址、电话、问题分类、建议内容、办理方式、承办单位等。并在15日内向建议人告知受理情况。

（2）人民建议的办理遵循"谁主管、谁承办、谁答复"的原则。并根据不同情况做出转交、摘报、信息、留存等处理。

（3）以下不纳入人民建议征集事项范围：求决、申诉、举报类的事项；依法应通过诉讼、仲裁、行政复议等法定途径解决的事项；表述不清、污蔑、谩骂等非建议类事项；不属于北京市管辖的事项。

三是特邀建议人。从北京市政治、经济、城市规划建设与管理、社会建设管理以及文化、教育、科技、卫生、体育、农业等方面的专家、学者和人大代表、政协委员以及街乡社区基层工作者、群众代表等社会各阶层人士中选聘特邀建议人。特邀建议人实行聘任制，每届任期3年，可以连续聘任。

特邀建议人需围绕首都各项事业科学发展、北京市征集办年度征集议题、拟办实事以及群众关心或涉及群众切身利益的热点、难点问题开展调研、提出建议。每年至少向北京市征集办提交不少于2份建议或调研报告。

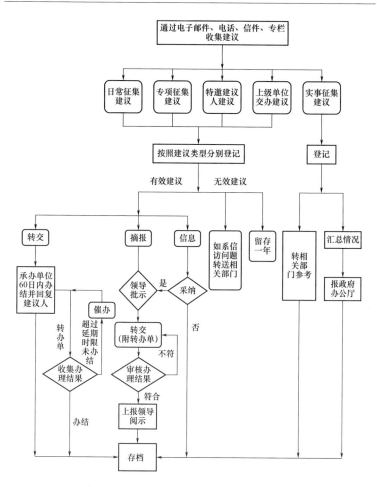

图 1　北京市人民建议征集办公室人民建议征集和办理流程图^①

---

①　来源：北京市信访办内部文件：《北京市信访业务工作规范与要求》（中），第 81 页。

四是表彰奖励。北京市人民建议征集办公室制定了《北京市人民建议征集工作先进集体和先进个人表彰奖励办法》，表彰人民建议征集工作中的先进集体和个人。目前，北京市人民建议征集工作先进集体和先进个人每 3 年评选表彰一次，"北京市人民建议征集工作先进集体"每次评选名额为 75 个，"北京市人民建议征集工作先进个人"每次评选名额为 90 名。

三、北京市人民建议征集特点的定量分析（2009—2018 年）

近年来，伴随人民群众权利意识的逐渐觉醒，越来越多的公民通过信访部门的人民建议征集渠道进行利益和诉求的表达，并积极参与公共事务管理。综合分析北京市一级人民建议征集办公室 2009—2018 年征集和受理的人民建议，具体呈现如下特点：

（一）建议数量整体呈现波动上升趋势，凸显公民主动参与公共治理意识不断提升

分析 2009—2018 年北京市级人民建议的数量可发现，征集和受理的人民建议数量呈螺旋上升的态势，反映民众通过人民建议主动参与公共治理的主动性不断提高，民众的参政意识不断提升。综合分析发现，民众通过信访渠道反映的建议类信访事项具有自发式参与的特点，很多建议类信访事项是民众主动发起的行为，参与主体对自身参与公共治理有较清晰的认知。

（二）建议表达的形式从以信件为主走向以互联网为主

从建议来源来，就市一级人民建议征集机构收到的建议数据看，可发现两个明显的变化：一是纸质来信的建议由 2009 年的 3000 多件，下降为 2018 的 400 多件；二是网上建议由 2009 年的不到 10 件，上升为 2018 年的 2000 多件。可见，伴随互联网的持续普及和推广，民众的建议方式日益从传统的纸质书信等，走向更多地使用电子邮件、微信、微博等网络信息渠道来表达表达建议，参与公共治理。

（三）民众提出建议主要涉及民生问题，尤其与民生政策密切相关

民众通过信访渠道反映的各类建议与民众民生需求密切相关，涉及多元主体的多元利益诉求，涵盖了社会保障、教育文化、医疗卫生、城乡建设、三农问题、国土资源、劳动就业、住房问题、环境保护、虚拟金融等多元领域的问题，体现了当前民众的基本民生诉求。尤其是一些与民生关系密切的公共政策，如教育、住房、社会保障、城乡建设等相关领域的公共政策，更是民众提出建议的焦点。

（四）不少建议是对相关社会矛盾风险的提前预警

民众通过信访渠道反映的一些建议，是对一些社会风险的及时预警，如在城市治理领域，民众对于园林绿化、市容环境、道路交通的优化建议，对水、电、暖、

气等城市基础设施系统的优化建议，往往能够及时指出相关系统运行过程中存在的风险和问题，防范于未然，有利于推动相关社会风险的源头预防，并且有助力于具体社会矛盾纠纷的有效解决。

四、思考与建议

人民建议征集作为具有中国特色的政治民主设置，凸显了当代中国国家治理制度的一些重要特征。未来推动人民建议征集制度进一步健全和完善，将有利于更好地发挥公民利益表达的机制作用和决策咨询的智库性功能，助力国家治理体系和治理能力现代化建设。

（一）人民建议征集制度具备公民权益保护的属性

人民建议征集制度的设置基于《宪法》赋予公民的基本权益，是公民实现基本权利的重要制度保障。"反映情况，提出建议、意见"的权利源于我国宪法赋予公民的批评权和建议权，它们不受国家机关和国家工作人员的职务行为违法失职与否的限制。公民对国家机关和国家工作人员的任何职务行为都可以"反映情况、提出建议、意见"，只要不损害他人的合法权利和正当声誉，不损害国家与社会公共利益及公共道德。可见，人民建议征集制度的运行维护了由宪法赋予公民的批评权、建议权所衍生的政治权利，保障了我国公民基本权利的有效实现。实践中，当前通过人民建议征集渠道反映的建议涉及民众的基本民生诉求，直接触及公民的切身利益。应深刻把握信访的人民权益保护属性，从维护群众基本民生需求，及时回应各类民生需求。

（二）人民建议征集制度是我国公民参与国家治理的重要制度渠道，具有直接民主的制度属性，是代议制民主的有益补充

人民建议征集是公民主动发起并能直接参与政治的渠道，是具有直接民主制度属性，是代议制民主的有益补充。人民建议征集作为一种重要的直接的政治参与方式，可以有力的维护少数人的权益，特别是对弱势群体的权益保护有着重要的意义，对代议制民主可以形成有益的补充。并且，人民建议征集是由人民自己提起的程序，对自己的行为、意图有清晰的认识。人民建议征集主动式、直接参与政治的维护权益方式对人民权益保护发挥着强有力保障。实践中，人民建议征集是公民在国家政治生活中直接行使民主权利、参与国家治理的重要制度和机制设置。首先，公民可以通过人民建议征集制度行使建议权参与国家治理，提出个人的意见和建议，参与国家政策、法律的制定过程。越来越多群众通过信访渠道表达对公共事务的关注，如北京、上海等地的信访机构都建立专门人民建议征集部门，收集民众关于公共事务的意见和建议。其次，公民还可以通过人民建议征集制度参与法律、政策的执行过程及其相应的监督环

节。因此，人民建议征集是中国国家治理体系中自下而上的独特机制，是公民直接参与国家治理的重要制度设置。

（三）人民建议征集制度是我国国家治理体系中风险预警、政策纠偏的制度设置

从国家治理体系的纵向构成看，它包括从预见稳定到预见失误的补救机制和制度安排。现代国家治理的环境日益多元复杂、快速变化，治理决策难度加大，治理过程蕴含很高的风险，因此国家治理体系有必要提供风险预警、政策纠偏的制度安排。新时期的矛盾纠纷越来越与公共政策密切相关，在此背景下，人民建议征集制度显得尤为重要。透过人民建议征集这一国家治理重要的负反馈机制，能看到公共政策制定、执行和协调过程中存在的问题。新的历史条件下，人民建议征集作为国家治理体系的重要组成部分，不仅是党和政府密切联系群众的桥梁和纽带，更是分析研判社会风险的重要窗口，是政策纠偏和优化治理的触发器和启动平台。实践中，民众通过人民建议征集制度提出的一些建议还具有较强的风险预警和前瞻价值，为推动社会矛盾问题的源头预防提供了借鉴。

（四）运用大数据手段深度挖掘人民建议征集的"特质数据"，助力国家治理体系和治理能力现代化建设

"大数据"不仅是一场技术革命，一场经济变革，

也是一场国家治理的变革。伴随"大数据"时代的到来，人民建议征集特质大数据库的价值凸显。作为中国信访工作体系重要组成部分，人民建议征集制度在工作过程中收集并存储了大量的资料和数据，从而形成了反映国家治理现状问题的动态数据库，因其与公共政策紧密相关，故而具有独特的参考价值。通过深度挖掘信访特质数据的价值，提出有针对性的政策建议，发挥决策咨询的智库性功能，"形成负反馈、正效应的制度推力，有利于推动公共政策制定、执行的科学化"①，从而推进国家治理体系和治理能力的现代化。

结　语

中国共产党坚持自身的马克思主义立场，认为人民群众是历史的真正创造者，认为人民的事业就是自己的事业。从本质上说，美好的生活和未来实际上是由作为历史主体的人民自己建构的，国家治理在本质上就应当是社会建构的过程。② 在执政党的领导下，人民建议征集机制及其制度设置恰好就发挥了国家治理之社会建构的中介、桥梁或平台的作用，改革完善和加强人民建议征集制度合乎政党治理的学理和法理。

---

① 张宗林、王凯：《国家治理视野下信访制度特性和功能的再审视》，载《行政论坛》2019 年第 4 期。

② 李程伟、刘纲、郭晓燕：《信访制度人民权益保护属性的理论探讨及未来展望》，载《信访与社会矛盾问题研究》2021 年第 6 辑。

2022年10月召开的党的二十大明确指出："在新中国成立特别是改革开放以来长期探索和实践基础上，经过十八大以来在理论和实践上的创新突破，我们党成功推进和拓展了中国式现代化。"本次大会确定的中心任务就是"团结带领全国各族人民全面建成社会主义现代化强国、实现第二个百年奋斗目标，以中国式现代化全面推进中华民族伟大复兴"。在中国式现代化九个方面的本质要求中，人民建议征集是"发展全过程人民民主"的重要环节和制度，它对于"坚持中国共产党领导，坚持中国特色社会主义，实现高质量发展，发展全过程人民民主，丰富人民精神世界，实现全体人民共同富裕，促进人与自然和谐共生，推动构建人类命运共同体，创造人类文明新形态"这九大方面，都可以发挥出公民利益表达、资政建言、反映社情民意、调用民智民力等突出功能。作为全国的首都和首善之区，北京市人民建议征集机制及其制度建设尤为重要，且值得进行持续追踪研究。

（作者：王凯，中国政法大学信访与治理研究中心秘书长，北京市科学技术研究院创新发展战略研究所研究员，《信访与治理研究》刊物执行主编；李程伟，中国政法大学信访与治理研究中心创始主任、教授，《信访与治理研究》刊物编委会主任。）

附件：

信访工作条例

（2022年1月24日中共中央政治局会议审议
批准　2022年2月25日中共中央、国务院发布）

第一章　总　　则

第一条　为了坚持和加强党对信访工作的全面领
导，做好新时代信访工作，保持党和政府同人民群众的
密切联系，制定本条例。

第二条　本条例适用于各级党的机关、人大机关、
行政机关、政协机关、监察机关、审判机关、检察机关
以及群团组织、国有企事业单位等开展信访工作。

第三条　信访工作是党的群众工作的重要组成部
分，是党和政府了解民情、集中民智、维护民利、凝聚

民心的一项重要工作，是各级机关、单位及其领导干部、工作人员接受群众监督、改进工作作风的重要途径。

第四条 信访工作坚持以马克思列宁主义、毛泽东思想、邓小平理论、"三个代表"重要思想、科学发展观、习近平新时代中国特色社会主义思想为指导，贯彻落实习近平总书记关于加强和改进人民信访工作的重要思想，增强"四个意识"、坚定"四个自信"、做到"两个维护"，牢记为民解难、为党分忧的政治责任，坚守人民情怀，坚持底线思维、法治思维，服务党和国家工作大局，维护群众合法权益，化解信访突出问题，促进社会和谐稳定。

第五条 信访工作应当遵循下列原则：

（一）坚持党的全面领导。把党的领导贯彻到信访工作各方面和全过程，确保正确政治方向。

（二）坚持以人民为中心。践行党的群众路线，倾听群众呼声，关心群众疾苦，千方百计为群众排忧解难。

（三）坚持落实信访工作责任。党政同责、一岗双责，属地管理、分级负责，谁主管、谁负责。

（四）坚持依法按政策解决问题。将信访纳入法治化轨道，依法维护群众权益、规范信访秩序。

（五）坚持源头治理化解矛盾。多措并举、综合施策，着力点放在源头预防和前端化解，把可能引发信访问题的矛盾纠纷化解在基层、化解在萌芽状态。

第六条　各级机关、单位应当畅通信访渠道，做好信访工作，认真处理信访事项，倾听人民群众建议、意见和要求，接受人民群众监督，为人民群众服务。

第二章　信访工作体制

第七条　坚持和加强党对信访工作的全面领导，构建党委统一领导、政府组织落实、信访工作联席会议协调、信访部门推动、各方齐抓共管的信访工作格局。

第八条　党中央加强对信访工作的统一领导：

（一）强化政治引领，确立信访工作的政治方向和政治原则，严明政治纪律和政治规矩；

（二）制定信访工作方针政策，研究部署信访工作中事关党和国家工作大局、社会和谐稳定、群众权益保障的重大改革措施；

（三）领导建设一支对党忠诚可靠、恪守为民之责、善做群众工作的高素质专业化信访工作队伍，为信访工作提供组织保证。

第九条　地方党委领导本地区信访工作，贯彻落实党中央关于信访工作的方针政策和决策部署，执行上级党组织关于信访工作的部署要求，统筹信访工作责任体系构建，支持和督促下级党组织做好信访工作。

地方党委常委会应当定期听取信访工作汇报，分析形势，部署任务，研究重大事项，解决突出问题。

第十条　各级政府贯彻落实上级党委和政府以及本级党委关于信访工作的部署要求，科学民主决策、依法履行职责，组织各方力量加强矛盾纠纷排查化解，及时妥善处理信访事项，研究解决政策性、群体性信访突出问题和疑难复杂信访问题。

第十一条　中央信访工作联席会议在党中央、国务院领导下，负责全国信访工作的统筹协调、整体推进、督促落实，履行下列职责：

（一）研究分析全国信访形势，为中央决策提供参考；

（二）督促落实党中央关于信访工作的方针政策和决策部署；

（三）研究信访制度改革和信访法治化建设重大问题和事项；

（四）研究部署重点工作任务，协调指导解决具有普遍性的信访突出问题；

（五）领导组织信访工作责任制落实、督导考核等工作；

（六）指导地方各级信访工作联席会议工作；

（七）承担党中央、国务院交办的其他事项。

中央信访工作联席会议由党中央、国务院领导同志以及有关部门负责同志担任召集人，各成员单位负责同志参加。中央信访工作联席会议办公室设在国家信访局，承担联席会议的日常工作，督促检查联席会议议定事项的落实。

第十二条　中央信访工作联席会议根据工作需要召开全体会议或者工作会议。研究涉及信访工作改革发展的重大问题和重要信访事项的处理意见，应当及时向党中央、国务院请示报告。

中央信访工作联席会议各成员单位应当落实联席会议确定的工作任务和议定事项，及时报送落实情况；及时将本领域重大敏感信访问题提请联席会议研究。

第十三条　地方各级信访工作联席会议在本级党委和政府领导下，负责本地区信访工作的统筹协调、整体推进、督促落实，协调处理发生在本地区的重要信访问题，指导下级信访工作联席会议工作。联席会议召集人一般由党委和政府负责同志担任。

地方党委和政府应当根据信访工作形势任务，及时调整成员单位，健全规章制度，建立健全信访信息分析研判、重大信访问题协调处理、联合督查等工作机制，提升联席会议工作的科学化、制度化、规范化水平。

根据工作需要，乡镇党委和政府、街道党工委和办事处可以建立信访工作联席会议机制，或者明确党政联席会定期研究本地区信访工作，协调处理发生在本地区的重要信访问题。

第十四条　各级党委和政府信访部门是开展信访工作的专门机构，履行下列职责：

（一）受理、转送、交办信访事项；

（二）协调解决重要信访问题；

（三）督促检查重要信访事项的处理和落实；

（四）综合反映信访信息，分析研判信访形势，为党委和政府提供决策参考；

（五）指导本级其他机关、单位和下级的信访工作；

（六）提出改进工作、完善政策和追究责任的建议；

（七）承担本级党委和政府交办的其他事项。

各级党委和政府信访部门以外的其他机关、单位应当根据信访工作形势任务，明确负责信访工作的机构或者人员，参照党委和政府信访部门职责，明确相应的职责。

第十五条 各级党委和政府以外的其他机关、单位应当做好各自职责范围内的信访工作，按照规定及时受理办理信访事项，预防和化解政策性、群体性信访问题，加强对下级机关、单位信访工作的指导。

各级机关、单位应当拓宽社会力量参与信访工作的制度化渠道，发挥群团组织、社会组织和"两代表一委员"、社会工作者等作用，反映群众意见和要求，引导群众依法理性反映诉求、维护权益，推动矛盾纠纷及时有效化解。

乡镇党委和政府、街道党工委和办事处以及村（社区）"两委"应当全面发挥职能作用，坚持和发展新时代"枫桥经验"，积极协调处理化解发生在当地的信访事项和矛盾纠纷，努力做到小事不出村、大事不出镇、矛盾不上交。

第十六条 各级党委和政府应当加强信访部门建设，选优配强领导班子，配备与形势任务相适应的工作力量，建立健全信访督查专员制度，打造高素质专业化信访干部队伍。各级党委和政府信访部门主要负责同志应当由本级党委或者政府副秘书长〔办公厅（室）副主任〕兼任。

各级党校（行政学院）应当将信访工作作为党性教育内容纳入教学培训，加强干部教育培训。

各级机关、单位应当建立健全年轻干部和新录用干部到信访工作岗位锻炼制度。

各级党委和政府应当为信访工作提供必要的支持和保障，所需经费列入本级预算。

第三章　信访事项的提出和受理

第十七条 公民、法人或者其他组织可以采用信息网络、书信、电话、传真、走访等形式，向各级机关、单位反映情况，提出建议、意见或者投诉请求，有关机关、单位应当依规依法处理。

采用前款规定的形式，反映情况，提出建议、意见或者投诉请求的公民、法人或者其他组织，称信访人。

第十八条 各级机关、单位应当向社会公布网络信访渠道、通信地址、咨询投诉电话、信访接待的时间和地点、查询信访事项处理进展以及结果的方式等相关事项，在其信访接待场所或者网站公布与信访工作有关的党内法规和法律、法规、规章，信访事项的处理程序，以及其他为信访人提供便利的相关事项。

各级机关、单位领导干部应当阅办群众来信和网上信访、定期接待群众来访、定期下访，包案化解群众反映强烈的突出问题。

市、县级党委和政府应当建立和完善联合接访工作机制，根据工作需要组织有关机关、单位联合接待，一站式解决信访问题。

任何组织和个人不得打击报复信访人。

第十九条 信访人一般应当采用书面形式提出信访事项，并载明其姓名（名称）、住址和请求、事实、理由。对采用口头形式提出的信访事项，有关机关、单位应当如实记录。

信访人提出信访事项，应当客观真实，对其所提供材料内容的真实性负责，不得捏造、歪曲事实，不得诬告、陷害他人。

信访事项已经受理或者正在办理的，信访人在规定期限内向受理、办理机关、单位的上级机关、单位又提出同一信访事项的，上级机关、单位不予受理。

第二十条 信访人采用走访形式提出信访事项的，应当到有权处理的本级或者上一级机关、单位设立或者指定的接待场所提出。

信访人采用走访形式提出涉及诉讼权利救济的信访事项，应当按照法律法规规定的程序向有关政法部门提出。

多人采用走访形式提出共同的信访事项的，应当推选代表，代表人数不得超过 5 人。

各级机关、单位应当落实属地责任，认真接待处理群众来访，把问题解决在当地，引导信访人就地反映问题。

第二十一条 各级党委和政府应当加强信访工作信息化、智能化建设，依规依法有序推进信访信息系统互联互通、信息共享。

各级机关、单位应当及时将信访事项录入信访信息系统，使网上信访、来信、来访、来电在网上流转，方便信访人查询、评价信访事项办理情况。

第二十二条 各级党委和政府信访部门收到信访事项，应当予以登记，并区分情况，在 15 日内分别按照下列方式处理：

（一）对依照职责属于本级机关、单位或者其工作部门处理决定的，应当转送有权处理的机关、单位；情况重大、紧急的，应当及时提出建议，报请本级党委和政府决定。

（二）涉及下级机关、单位或者其工作人员的，按照"属地管理、分级负责，谁主管、谁负责"的原则，转送有权处理的机关、单位。

（三）对转送信访事项中的重要情况需要反馈办理结果的，可以交由有权处理的机关、单位办理，要求其在指定办理期限内反馈结果，提交办结报告。

各级党委和政府信访部门对收到的涉法涉诉信件，应当转送同级政法部门依法处理；对走访反映涉诉问题的信访人，应当释法明理，引导其向有关政法部门反映问题。对属于纪检监察机关受理的检举控告类信访事项，应当按照管理权限转送有关纪检监察机关依规依纪依法处理。

第二十三条　党委和政府信访部门以外的其他机关、单位收到信访人直接提出的信访事项，应当予以登记；对属于本机关、单位职权范围的，应当告知信访人接收情况以及处理途径和程序；对属于本系统下级机关、单位职权范围的，应当转送、交办有权处理的机关、单位，并告知信访人转送、交办去向；对不属于本机关、单位或者本系统职权范围的，应当告知信访人向有权处理的机关、单位提出。

对信访人直接提出的信访事项，有关机关、单位能够当场告知的，应当当场书面告知；不能当场告知的，应当自收到信访事项之日起 15 日内书面告知信访人，但信访人的姓名（名称）、住址不清的除外。

对党委和政府信访部门或者本系统上级机关、单位转送、交办的信访事项，属于本机关、单位职权范围的，有关机关、单位应当自收到之日起 15 日内书面告知信访人接收情况以及处理途径和程序；不属于本机关、单位或者本系统职权范围的，有关机关、单位应当自收到之日起 5 个工作日内提出异议，并详细说明理由，经转送、交办的信访部门或者上级机关、单位核实同意后，交还相关材料。

政法部门处理涉及诉讼权利救济事项、纪检监察机关处理检举控告事项的告知按照有关规定执行。

第二十四条 涉及两个或者两个以上机关、单位的信访事项，由所涉及的机关、单位协商受理；受理有争议的，由其共同的上一级机关、单位决定受理机关；受理有争议且没有共同的上一级机关、单位的，由共同的信访工作联席会议协调处理。

应当对信访事项作出处理的机关、单位分立、合并、撤销的，由继续行使其职权的机关、单位受理；职责不清的，由本级党委和政府或者其指定的机关、单位受理。

第二十五条 各级机关、单位对可能造成社会影响的重大、紧急信访事项和信访信息，应当及时报告本级党委和政府，通报相关主管部门和本级信访工作联席会议办公室，在职责范围内依法及时采取措施，防止不良影响的产生、扩大。

地方各级党委和政府信访部门接到重大、紧急信访事项和信访信息，应当向上一级信访部门报告，同时报告国家信访局。

第二十六条 信访人在信访过程中应当遵守法律、法规，不得损害国家、社会、集体的利益和其他公民的合法权利，自觉维护社会公共秩序和信访秩序，不得有下列行为：

（一）在机关、单位办公场所周围、公共场所非法聚集，围堵、冲击机关、单位，拦截公务车辆，或者堵塞、阻断交通；

（二）携带危险物品、管制器具；

（三）侮辱、殴打、威胁机关、单位工作人员，非法限制他人人身自由，或者毁坏财物；

（四）在信访接待场所滞留、滋事，或者将生活不能自理的人弃留在信访接待场所；

（五）煽动、串联、胁迫、以财物诱使、幕后操纵他人信访，或者以信访为名借机敛财；

（六）其他扰乱公共秩序、妨害国家和公共安全的行为。

第四章 信访事项的办理

第二十七条 各级机关、单位及其工作人员应当根据各自职责和有关规定，按照诉求合理的解决问题到位、诉求无理的思想教育到位、生活困难的帮扶救助到位、行为违法的依法处理的要求，依法按政策及时就地解决群众合法合理诉求，维护正常信访秩序。

第二十八条 各级机关、单位及其工作人员办理信访事项，应当恪尽职守、秉公办事，查明事实、分清责任，加强教育疏导，及时妥善处理，不得推诿、敷衍、拖延。

各级机关、单位应当按照诉讼与信访分离制度要求，将涉及民事、行政、刑事等诉讼权利救济的信访事项从普通信访体制中分离出来，由有关政法部门依法处理。

各级机关、单位工作人员与信访事项或者信访人有直接利害关系的，应当回避。

第二十九条 对信访人反映的情况、提出的建议意见类事项，有权处理的机关、单位应当认真研究论证。对科学合理、具有现实可行性的，应当采纳或者部分采纳，并予以回复。

信访人反映的情况、提出的建议意见，对国民经济和社会发展或者对改进工作以及保护社会公共利益有贡献的，应当按照有关规定给予奖励。

各级党委和政府应当健全人民建议征集制度，对涉及国计民生的重要工作，主动听取群众的建议意见。

第三十条 对信访人提出的检举控告类事项，纪检监察机关或者有权处理的机关、单位应当依规依纪依法接收、受理、办理和反馈。

党委和政府信访部门应当按照干部管理权限向组织

（人事）部门通报反映干部问题的信访情况，重大情况向党委主要负责同志和分管组织（人事）工作的负责同志报送。组织（人事）部门应当按照干部选拔任用监督的有关规定进行办理。

不得将信访人的检举、揭发材料以及有关情况透露或者转给被检举、揭发的人员或者单位。

第三十一条　对信访人提出的申诉求决类事项，有权处理的机关、单位应当区分情况，分别按照下列方式办理：

（一）应当通过审判机关诉讼程序或者复议程序、检察机关刑事立案程序或者法律监督程序、公安机关法律程序处理的，涉法涉诉信访事项未依法终结的，按照法律法规规定的程序处理。

（二）应当通过仲裁解决的，导入相应程序处理。

（三）可以通过党员申诉、申请复审等解决的，导入相应程序处理。

（四）可以通过行政复议、行政裁决、行政确认、行政许可、行政处罚等行政程序解决的，导入相应程序处理。

（五）属于申请查处违法行为、履行保护人身权或者财产权等合法权益职责的，依法履行或者答复。

（六）不属于以上情形的，应当听取信访人陈述事实和理由，并调查核实，出具信访处理意见书。对重大、复杂、疑难的信访事项，可以举行听证。

第三十二条 信访处理意见书应当载明信访人投诉请求、事实和理由、处理意见及其法律法规依据：

（一）请求事实清楚，符合法律、法规、规章或者其他有关规定的，予以支持；

（二）请求事由合理但缺乏法律依据的，应当作出解释说明；

（三）请求缺乏事实根据或者不符合法律、法规、规章或者其他有关规定的，不予支持。

有权处理的机关、单位作出支持信访请求意见的，应当督促有关机关、单位执行；不予支持的，应当做好信访人的疏导教育工作。

第三十三条 各级机关、单位在处理申诉求决类事项过程中，可以在不违反政策法规强制性规定的情况下，在裁量权范围内，经争议双方当事人同意进行调解；可以引导争议双方当事人自愿和解。经调解、和解达成一致意见的，应当制作调解协议书或者和解协议书。

第三十四条 对本条例第三十一条第六项规定的信访事项应当自受理之日起60日内办结；情况复杂的，经本机关、单位负责人批准，可以适当延长办理期限，但延长期限不得超过30日，并告知信访人延期理由。

第三十五条 信访人对信访处理意见不服的，可以自收到书面答复之日起30日内请求原办理机关、单位的上一级机关、单位复查。收到复查请求的机关、单位应当自收到复查请求之日起 30 日内提出复查意见，并予以书面答复。

第三十六条 信访人对复查意见不服的，可以自收到书面答复之日起 30 日内向复查机关、单位的上一级机关、单位请求复核。收到复核请求的机关、单位应当自收到复核请求之日起 30 日内提出复核意见。

复核机关、单位可以按照本条例第三十一条第六项的规定举行听证，经过听证的复核意见可以依法向社会公示。听证所需时间不计算在前款规定的期限内。

信访人对复核意见不服，仍然以同一事实和理由提出投诉请求的，各级党委和政府信访部门和其他机关、单位不再受理。

第三十七条 各级机关、单位应当坚持社会矛盾纠纷多元预防调处化解，人民调解、行政调解、司法调解联动，综合运用法律、政策、经济、行政等手段和教育、协商、疏导等办法，多措并举化解矛盾纠纷。

各级机关、单位在办理信访事项时，对生活确有困难的信访人，可以告知或者帮助其向有关机关或者机构依法申请社会救助。符合国家司法救助条件的，有关政法部门应当按照规定给予司法救助。

地方党委和政府以及基层党组织和基层单位对信访事项已经复查复核和涉法涉诉信访事项已经依法终结的相关信访人，应当做好疏导教育、矛盾化解、帮扶救助等工作。

第五章　监督和追责

第三十八条　各级党委和政府应当对开展信访工作、落实信访工作责任的情况组织专项督查。

信访工作联席会议及其办公室、党委和政府信访部门应当根据工作需要开展督查，就发现的问题向有关地方和部门进行反馈，重要问题向本级党委和政府报告。

各级党委和政府督查部门应当将疑难复杂信访问题列入督查范围。

第三十九条　各级党委和政府应当以依规依法及时就地解决信访问题为导向，每年对信访工作情况进行考核。考核结果应当在适当范围内通报，并作为对领导班子和有关领导干部综合考核评价的重要参考。

对在信访工作中作出突出成绩和贡献的机关、单位或者个人，可以按照有关规定给予表彰和奖励。

对在信访工作中履职不力、存在严重问题的领导班子和领导干部，视情节轻重，由信访工作联席会议进行约谈、通报、挂牌督办，责令限期整改。

第四十条　党委和政府信访部门发现有关机关、单位存在违反信访工作规定受理、办理信访事项，办理信访事项推诿、敷衍、拖延、弄虚作假或者拒不执行信访处理意见等情形的，应当及时督办，并提出改进工作的建议。

对工作中发现的有关政策性问题，应当及时向本级党委和政府报告，并提出完善政策的建议。

对在信访工作中推诿、敷衍、拖延、弄虚作假造成严重后果的机关、单位及其工作人员，应当向有管理权限的机关、单位提出追究责任的建议。

对信访部门提出的改进工作、完善政策、追究责任的建议，有关机关、单位应当书面反馈采纳情况。

第四十一条 党委和政府信访部门应当编制信访情况年度报告，每年向本级党委和政府、上一级党委和政府信访部门报告。年度报告应当包括下列内容：

（一）信访事项的数据统计、信访事项涉及领域以及被投诉较多的机关、单位；

（二）党委和政府信访部门转送、交办、督办情况；

（三）党委和政府信访部门提出改进工作、完善政策、追究责任建议以及被采纳情况；

（四）其他应当报告的事项。

根据巡视巡察工作需要，党委和政府信访部门应当向巡视巡察机构提供被巡视巡察地区、单位领导班子及其成员和下一级主要负责人有关信访举报，落实信访工作责任制，具有苗头性、倾向性的重要信访问题，需要巡视巡察工作关注的重要信访事项等情况。

第四十二条 因下列情形之一导致信访事项发生，造成严重后果的，对直接负责的主管人员和其他直接责任人员，依规依纪依法严肃处理；构成犯罪的，依法追究刑事责任：

（一）超越或者滥用职权，侵害公民、法人或者其他组织合法权益；

（二）应当作为而不作为，侵害公民、法人或者其他组织合法权益；

（三）适用法律、法规错误或者违反法定程序，侵害公民、法人或者其他组织合法权益；

（四）拒不执行有权处理机关、单位作出的支持信访请求意见。

第四十三条 各级党委和政府信访部门对收到的信访事项应当登记、转送、交办而未按照规定登记、转送、交办，或者应当履行督办职责而未履行的，由其上级机关责令改正；造成严重后果的，对直接负责的主管人员和其他直接责任人员依规依纪依法严肃处理。

第四十四条 负有受理信访事项职责的机关、单位有下列情形之一的，由其上级机关、单位责令改正；造成严重后果的，对直接负责的主管人员和其他直接责任人员依规依纪依法严肃处理：

（一）对收到的信访事项不按照规定登记；

（二）对属于其职权范围的信访事项不予受理；

（三）未在规定期限内书面告知信访人是否受理信访事项。

第四十五条 对信访事项有权处理的机关、单位有下列情形之一的，由其上级机关、单位责令改正；造成严重后果的，对直接负责的主管人员和其他直接责任人员依规依纪依法严肃处理：

（一）推诿、敷衍、拖延信访事项办理或者未在规定期限内办结信访事项；

（二）对事实清楚，符合法律、法规、规章或者其他有关规定的投诉请求未予支持；

（三）对党委和政府信访部门提出的改进工作、完善政策等建议重视不够、落实不力，导致问题长期得不到解决；

（四）其他不履行或者不正确履行信访事项处理职责的情形。

第四十六条 有关机关、单位及其领导干部、工作人员有下列情形之一的，由其上级机关、单位责令改正；造成严重后果的，对直接负责的主管人员和其他直接责任人员依规依纪依法严肃处理；构成犯罪的，依法追究刑事责任：

（一）对待信访人态度恶劣、作风粗暴，损害党群干群关系；

（二）在处理信访事项过程中吃拿卡要、谋取私利；

（三）对规模性集体访、负面舆情等处置不力，导致事态扩大；

（四）对可能造成社会影响的重大、紧急信访事项和信访信息隐瞒、谎报、缓报，或者未依法及时采取必要措施；

（五）将信访人的检举、揭发材料或者有关情况透露、转给被检举、揭发的人员或者单位；

（六）打击报复信访人；

（七）其他违规违纪违法的情形。

第四十七条 信访人违反本条例第二十条、第二十六条规定的，有关机关、单位工作人员应当对其进行劝阻、批评或者教育。

信访人滋事扰序、缠访闹访情节严重，构成违反治安管理行为的，或者违反集会游行示威相关法律法规的，由公安机关依法采取必要的现场处置措施、给予治安管理处罚；构成犯罪的，依法追究刑事责任。

信访人捏造歪曲事实、诬告陷害他人，构成违反治安管理行为的，依法给予治安管理处罚；构成犯罪的，依法追究刑事责任。

第六章　附　　则

第四十八条 对外国人、无国籍人、外国组织信访事项的处理，参照本条例执行。

第四十九条 本条例由国家信访局负责解释。

第五十条 本条例自 2022 年 5 月 1 日起施行。